"海狼"级攻击核潜艇
SEAWOLF CLASS NUCLEAR SUBMARINE

张明德 著

华中科技大学出版社
http://press.hust.edu.cn
中国·武汉

图书在版编目（CIP）数据

"海狼"级攻击核潜艇/张明德著．—武汉：华中科技大学出版社，2023.9
ISBN 978-7-5680-9118-3

Ⅰ.①海… Ⅱ.①张… Ⅲ.①核潜艇－介绍－美国 Ⅳ.①U674.761

中国国家版本馆CIP数据核字（2023）第019831号

本书由知书房出版社授权出版
湖北省版权局著作权合同登记　图字：17-2023-048号

"海狼"级攻击核潜艇
"Hailang" ji Gongji Heqianting

张明德　著

策划编辑：	金　紫
责任编辑：	陈　骏
封面设计：	千橡文化
责任监印：	朱　玢
出版发行：	华中科技大学出版社（中国·武汉）　电话：(027)81321913
	武汉市东湖新技术开发区华工科技园　邮编：430223
录　　排：	北京千橡文化传播有限公司
印　　刷：	北京雅图新世纪印刷科技有限公司
开　　本：	710mm×1000mm　1/16
印　　张：	15
字　　数：	327千字
版　　次：	2023年9月第1版第1次印刷
定　　价：	96.00元

本书若有印装质量问题，请向出版社营销中心调换
全国免费服务热线：400-6679-118　竭诚为您服务
版权所有　侵权必究

编辑推荐

当代世界核威慑核打击力量是所谓"三位一体"能力,即,水下,战略弹道导弹核潜艇;陆上,陆基战略弹道导弹;空中,战略核武器轰炸机(空中发射和投放核武器)。为了对抗水下战略导弹核潜艇的核威慑和核打击,美国在研发对抗性武器上领先于全球。攻击型战略核潜艇便专门用于应对弹道导弹核潜艇。

而随着冷战的结束及美国和盟军在第一次海湾战争中取得压倒性胜利,美国海军的战略和作战构想也发生了根本性的转变,于是美国设想新世纪的海军主要作战样式是"由海制陆""空海一体战"和"网络中心战"等全新样式,美国海军新一代战舰"自由"级和"独立"级濒海战斗舰、"朱姆沃尔特"级驱逐舰和"圣安东尼奥"级两栖船运输舰等战舰系列都是有着类似的作战构想印记。

这些"由海制陆"利器和新型的核动力超级航空母舰"杰拉尔德·福特"级这种终极海上多任务作战平台,即空海一体战、全域作战等各种新旧理论和实战的中心点结合在一起,就构成了美国海军称霸全球的基本力量之一(另外就是美国空军、陆军、海军陆战队、各支特种部队和新组建的空天军)。作为当今海上力量不可或缺的利器和一个国家综合国力的象征,航空母舰的重要性不言而喻,而作为专门针对敌方战略弹道导弹核潜艇和"由海制陆"核心力量的DDG-1000"朱姆沃尔特"级驱逐舰,其研发历程、技术发展也是值得我们了解的。

华中科技大学出版社出版的"航空母舰丛书"第一批出版了《美国海军超级航空母舰:从"合众国"号到"小鹰"级》《美国海军超级航空母舰:从"企业"号到"福特"级》和《现代航空母舰的三大发明:斜角甲板、蒸汽弹射器与光学着舰辅助系统的起源和发展》,深入而清晰地讲述了美国海军超级航空母舰的研发、制造和改进过程,以及航空母舰这一终极海上多任务作战平台的运用历史。丛书以美国海军航空母舰发展的时间为脉络,将航母发展中发生的技术进步从航母设计的技术角度完整展现,在国内尚属首次。

现在我们进一步出版海军武器发展史中读者感兴趣的攻击型核潜艇系列:《"洛杉矶"级攻击型核潜艇》《"海狼"级攻击核潜艇》《"弗吉尼亚"级攻击型核潜艇》,还有《DDG-1000"朱姆沃尔特"级驱逐舰》,本丛书延续了以往深入叙事、条理分明、时有内幕揭出、笔触冷静自然的风格,使读者对美国海军战舰总的研发构想和各个分系统的整合、推进、发展有着深入而系统的认知。

本书作者张明德先生是著名军事作家和军事领域专栏编辑,出版过多部军事科普题材作品,在长达十几年的写作过程中形成了自己的风格。他的文章内容翔实,对于写作内容所涉的武器装备技术研发背景、过程和历史的描述和分析,有着客观冷静和较为详尽的叙述,从而获得了广大军迷朋友和众多读者的好评。

目录 Contents

1 里根时代海上攻势主义的回响——"海狼"级的起源　001

"海狼"级的起源——摇摆不定的新潜艇发展政策　002

里根时代的潜艇政策转变——从改良型"洛杉矶"级到"21世纪核攻击潜艇"计划　006

战略转换时期的攻击潜艇发展策略　012

新战略下的攻击潜艇需求　025

2 "21世纪核攻击潜艇"计划　　031

"21世纪核攻击潜艇"——"后里科弗时代"的首个攻击潜艇计划　　031

"21世纪核攻击潜艇"计划起步　　038

3 冷战时代的潜艇技术高峰——"海狼"级的发展　　059

适逢其时的"21世纪核攻击潜艇"计划　　059

"21世纪核攻击潜艇"的开发与设计　　066

一波三折的设计过程——联合设计的副作用　　069

现代潜艇战斗系统开发经典案例——"潜艇先进战斗系统"的得与失　　074

4 战略形势剧变下的"海狼"级潜艇计划　　101

迈向建造阶段　　101

战略环境巨变下的"海狼"级潜艇计划　　106

潜艇建造工程的集约——从双船厂转向单一船厂　　111

5 "海狼"级的诞生　　131

巨变下的"海狼"级潜艇计划——从新世代主力到小众势力　　131

问题不断的"海狼"级潜艇计划　　137

"海狼"的诞生　　153

6 "海狼"级的得与失　　　　　　　　　　　　　159

"海狼"级的得与失——生不逢时的终极冷战型攻击潜艇　　159

美国攻击潜艇技术的巅峰　　162

技术跃进的代价——过高的成本与风险　　195

附录　独一无二的"吉米·卡特"号核攻击潜艇　　213

1

里根时代海上攻势主义的回响——"海狼"级的起源

冷战时期的美国海军核攻击潜艇发展,在"洛杉矶"级之后,曾有一段长时间的断代期。

从第1艘核潜艇"鹦鹉螺"号(USS Nautilus SSN 571)于1954年1月服役,第1代量产型核攻击潜艇"鳐鱼"级(Skate Class)于1957年12月服役,第1种泪滴形核攻击潜艇"鲣鱼"级(Skipjack Class)于1959年4月服役,随后新一代的核攻击潜艇"长尾鲨"级(Thresher Class)于1961年8月服役。

接下来美国海军推出新型攻击潜艇的速度开始放缓,下一代的"鲟鱼"级(Sturgeon Class)于1967年3月服役,与"长尾鲨"级问世相隔了近6年时间。美国海军原本打算在1974年8月让新一代的"洛杉矶"级(Los Angeles Class)投入服役,但受到船厂施工延误影响,"洛杉矶"级首艇实际上拖延到1976年11月才正式服役,距"鲟鱼"级首艇服役已超过10年时间。

而作为"洛杉矶"级后继型的"海狼"级（Seawolf Class）潜艇，到1997年7月才服役，与"洛杉矶"级首艇服役时间相隔了20年！相较之下，后一代的"弗吉尼亚"级（Virginia Class）首艇成军服役时间（2004年8月）与"海狼"级不过相差7年而已。

造成"海狼"级潜艇姗姗来迟的原因，一方面，是美国海军对于"洛杉矶"级后继潜艇的发展方向摇摆不定，虽然早从20世纪70年代初期便开始规划，但直到1983年底才定案。

另一方面，则是"海狼"级潜艇计划执行过程中，适逢冷战结束、苏联解体带来的外在情势剧变，导致美国海军政策遭遇巨大冲击，被迫调整作战需求与预算规划，再加上系统开发延迟、工程缺陷等问题，以致1989年10月开工的"海狼"级首艇"海狼"号（USS Seawolf SSN 21），进度较原计划拖延了2年。"海狼"号花了近7年时间才于1997年7月服役，然而此时的作战环境，已经与15年前发展"海狼"级的原始构想完全不同了。

"海狼"级的起源——摇摆不定的新潜艇发展政策

从最后1艘"鲟鱼"级潜艇"理查·罗素"号（USS Richard B. Russell SSN 687）于1975年8月12日完工交付，到"海狼"级首艇"海狼"号于1989年10月25日开工之前，这整整15年时间内，美国海军只建造了"洛杉矶"级这一级核攻击潜艇。

但这并不意味着美国海军非常满意"洛杉矶"级的设计，事实上，在"洛杉矶"级之后，美国海军至少曾经5次尝试发展新一代的核攻击潜艇。

第1次尝试："先进性能高速攻击潜艇"计划

早在"洛杉矶"级的细部设计完成不久后，美国海军便于1971—1972年间推出一项新的"先进性能高速攻击潜艇"

里根时代海上攻势主义的回响——"海狼"级的起源

（Advanced Performance High-Speed Attack Submarine, APHNAS）计划。这是1种排水量近1.4万吨的大型巡航导弹潜艇，除了配备标准的鱼雷管之外，还配备了20枚垂直发射的"潜艇战术导弹"（Submarine Tactical Missile, STAM）。它虽然体型庞大，但凭借6万马力级的D1W核反应堆，仍可拥有高达35节的航速，并配备了"宽孔径阵列"（Wide Aperture Array, WAA）与拖曳阵列等新一代声呐系统。无论航速、潜深、武器携带能力，还是侦测能力，"先进性能高速攻击潜艇"都胜过"洛杉矶"级，但成本超过"洛杉矶"级两倍。

下图：1997年7月19日服役仪式中的"海狼"级首艇"海狼"号，距离上一代"洛杉矶"级首艇"洛杉矶"号服役，相隔了将近21年时间，是美国海军攻击潜艇发展史上，时间跨距最长的世代交替。

尽管掌管海军核反应堆办公室（Naval Reactors）的里科弗（Hyman Rickover），极力主张建造"先进性能高速攻击潜艇"，他用自己在国会中的人脉推动整个计划，但仍因过高的成本，而遭到当时海军作战部长（Chief of Naval Operations，CNO）朱姆沃尔特（Elmo R. Zumwalt Jr.）反对。并且当时美国海军调整了巡航导弹发展政策，优先发展战略性的"海射巡航导弹"（Sea-Launched Cruise Missile，SLCM，也就是后来的"战斧"（Tomahawk）巡航导弹），而非"潜艇战术导弹"这类战术性导弹，最终"潜艇战术导弹"与"先进性能高速攻击潜艇"计划都在1972年底取消。

第2次尝试："高-低混合"研究

放弃了昂贵的"先进性能高速攻击潜艇"计划后，美国海军1973—1974年间转往"高-低混合"潜艇研究，试图缓解当时因旧式潜艇大量退役，导致攻击潜艇兵力规模急遽降低的困境。

"高-低混合"研究的结论，是提议发展的两种新型潜艇："低阶-混合"（low-mix）A型（Type A）潜艇，与"高阶-混合"（high-mix）B型（Type B）潜艇。其中A型潜艇是"鲟鱼"级的延伸发展型，改善了声呐装备与静音性能；B型潜艇则是"洛杉矶"级的火力强化型，鱼雷管从4具增加到8具，武器携载量也提高两倍。

借由A型与B型两种潜艇的"高-低混合"，可以解决"洛杉矶"级成本过高，且部分性能存在较大局限的问题。

但"高-低混合"的采购提案，遭到海军作战部长办公室（OpNav）辖下的潜艇战部门（Op-02）反对，加上"高-低混合"政策的主要推动者朱姆沃尔特于1974年中卸任海军作战部长一职，此计划最后不了了之。

第3次尝试：新时代核攻击潜艇计划

在"高-低混合"研究之后，当时国防部长施莱辛格

（James M. Schlesinger）准许美国海军在长期国防计划中，列入一项新时代核攻击潜艇（SSNX）的项目。

比起先前的"先进性能高速攻击潜艇"或"高-低混合"研究，新时代核攻击潜艇是海军与国防部正式认可的"洛杉矶"级潜艇"正统"后继者。研究者总结了"洛杉矶"级以后的一系列潜艇技术研发成果，包括：改进的艇壳钢材，先进的核反应堆（即D1W），改进的声呐，以及潜射远程导弹等（后来代之以"战斧"导弹）。新时代核攻击潜艇通过这些新设计与新技术，解决"洛杉矶"级存在的不足，并应对未来攻击潜艇的作战需求，以确保美国海军在核攻击潜艇领域的长期优势。

第4次尝试："设计重构"型"洛杉矶"级

新时代核攻击潜艇牵涉到众多先进技术，以致设计开发耗时相当长，计划到1981—1982财年启动采购。于是美国海军又进行了一系列过渡型攻击潜艇研究，预定在开始采购新时代核攻击潜艇之前，于1978—1982财年小批量建造一种过渡型潜艇。这种过渡型潜艇为鱼雷管增加至8具的"洛杉矶"级火力强化衍生型。

新任海军作战部长的霍洛威（James Lemuel Holloway III）调整了过渡型攻击潜艇发展方向，转为发展一种大幅调整设计的"设计重构"（reengineered）改良型"洛杉矶"级，将引进"宽孔径阵列"声呐、新式诱饵发射器、整合声学通信系统（Integrated Acoustic Communications System, IACS），新的潜艇通信浮标（BIAS, BSQ-5），电子悬浮式陀螺导航仪（Electrically Suspended Gyro Navigator, ESGN），以及代号"暗眼"（Dark Eyes）的新式红外线潜望镜。为了配合前述改良措施，"设计重构"型"洛杉矶"级还考虑拉长艇体，并采用尺寸放大的减阻型围壳。

第5次尝试:"快速攻击潜艇"低成本潜艇

在卡特(James Earl Carter, Jr.)政府时期,由于国会对不断上涨的潜艇采购成本表示不满,要求美国海军降低核攻击潜艇成本。于是美国海军在1979年提出了较小型的核攻击潜艇概念,称作"快速攻击潜艇"(Fast Attack Submarine, FAS),后来也称作"舰队攻击潜艇"(Fleet Attack Submarine, F/A),这也是继"先进性能高速攻击潜艇""高-低混合"研究、新时代核攻击潜艇与"设计重构"型"洛杉矶"级之后,第5个"洛杉矶"级后继型计划。

为了降低成本,"快速攻击潜艇"的潜航排水量只有5000吨,比"洛杉矶"级的吨位减少了30%,并预定采用"鲟鱼"级上功率较低的S5W核反应堆,航速虽然不如"洛杉矶"级,但搭配新型推进器,以及体型更宽、流体动力效果更佳的艇壳,仍可拥有略高于"鲟鱼"级的航速。它拥有6具鱼雷管的配置,武器搭载能力可与"洛杉矶"级相当。

里根时代的潜艇政策转变——从改良型"洛杉矶"级到"21世纪核攻击潜艇"计划

当罗纳德·里根(Ronald Reagan)政府于1981年1月上任后,虽然前一任的卡特政府留下来新型攻击潜艇计划(新时代核攻击潜艇、快速攻击潜艇以及"洛杉矶"级的改良型)。但新任海军部长莱曼(John Lehman)却决定优先采购既有的"洛杉矶"级,以便在"600艘舰艇"(600 ship Navy)的建军政策下,尽快达到100艘攻击潜艇兵力规模目标,因此担任海军作战部长的哈沃德(Thomas B. Hayward)上将,暂时搁置了新型攻击潜艇计划。

图:"洛杉矶"级与3种后继型潜艇概念设计对比。

在20世纪70年代,美国海军曾先后在5项攻击潜艇研究计划中研拟了"洛杉矶"级的后继型,推出过多种新型攻击潜艇的概念设计,其中包括数种既有"洛杉矶"级与"鲟鱼"级的延伸改良设计方案,以及先进性能高速攻击潜艇、新时代核攻击潜艇与快速攻击潜艇等设计方案。

先进性能高速攻击潜艇是排水量将近1.4万吨的全能型攻击潜艇,艇壳直径、长度与排水量都远超过先前的美国潜艇,兼具强大的火力与高航速,主要武装是艇舯段20组垂直发射管的"潜艇战术导弹",搭配艇艏的4具鱼雷管。再结合6万马力等级的D1W核反应堆,可拥有35节以上航速。

"新时代核攻击潜艇"与快速攻击潜艇都采用了较为粗短的艇体设计,艇壳直径大于"洛杉矶"级,但长度明显缩短,它具有较小的长宽比,降低水下阻力,提高水下机动性。两者都特别改进了鱼雷火力,拥有6具鱼雷管的配置,以及较"洛杉矶"级更多的武器携载量。

新时代核攻击潜艇是吨位略高于"洛杉矶"级的高阶型攻击潜艇。它以升级型S6G核反应堆为动力来源,除了6具鱼雷管之外,还预定设置12~24组垂直发射管,火力明显超过"洛杉矶"级。

快速攻击潜艇则是吨位略大于"鲟鱼"级的低成本型设计,动力单元沿用"鲟鱼"级的S5W核反应堆,但搭配改进的艇体与推进器,航速略高于"鲟鱼"级,结合6具鱼雷管与较大的鱼雷室配置,火力超过了"洛杉矶"级。

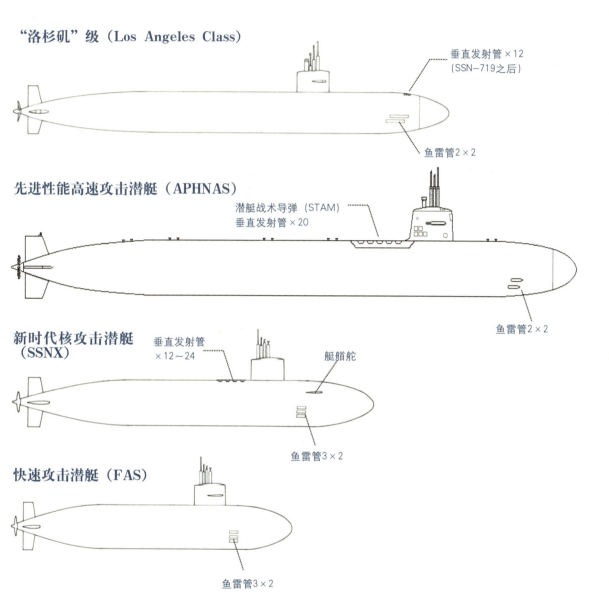

"洛杉矶"级与3种后继型潜艇对比

	688 Class	APHNAS	SSNX	FAS
核反应堆	S6G	D1W	S6G boost	S5W
输出功率（马力）	30000	60000	38700	15100
长度（英尺）	366	472	301.25	237.5
直径（英尺）	33	40	38.75	38.0
潜航排水量（吨）	6927	13649	7263	4965
鱼雷管/武器数	4/22	4/22+	6/32	6/32
垂直发射器	12*（SLCM）	20（STAM）	12～24（SLCM）	—

＊自SSN 719起增设12具"海射巡航导弹"用垂直发射管。

回归采购"洛杉矶"级

在1981年7月30日的众议院国防委员会听证会中，当时负责潜艇发展的海上系统司令部（Naval Sea Systems Command, NAVSEA）司令福勒（Earl B. Fowler Jr.）中将，向议员们解释了这时候的攻击潜艇发展政策：

"海军作战部长指示应该停止较小型、性能较低的'快速攻击潜艇'，以及较大型、较高性能的'新型攻击潜艇'设计工作。……我们现在并不是在设计（先进型SSN），我们在1981年初时，全面审视了在电船公司进行的设计工作，决定停止所有新型潜艇设计工作。"

搁置了新时代核攻击潜艇与快速攻击潜艇两种新潜艇发展后，美国海军将重心转向"洛杉矶"级的改良。福勒中将表示："我们……持续688级潜艇（"洛杉矶"级）的升级，以用于未来的生产。在潜艇选择方案研究中，没有出现可供作为688级SSN后继者、且具备明显成本效益的候选方案。海军作战部长也指示将最高优先的计划，放在改进SSN 688级潜艇与既有反潜武器的能力。"

里根政府的采购目标是引进一系列新装备与新设计的改

进型"洛杉矶"级,增设了垂直发射管,改进了北冰洋活动能力(强化围壳结构,并以艇艏水平舵取代围壳水平舵),并引进了全新的战斗系统与声呐感测器和新的降噪措施,但改进幅度不如先前的"设计重构"型"洛杉矶"级。[1]改进型"洛杉矶"级的最大优点是可以迅速生产。而这也让美国海军历经了10年的"洛杉矶"级后继型潜艇研究后,又回到继续采购"洛杉矶"级的路线上。

重启全新潜艇计划:"21世纪核攻击潜艇"计划

仅仅一年之后,里根政府的政策又有了180度的大转变。

在1982年初,为了尽快满足潜艇兵力规模需求,莱曼部长正式否决了耗时、昂贵的新时代核攻击潜艇计划,稍后一度考虑引进低成本的舰队攻击潜艇。舰队攻击潜艇的成本低于"洛杉矶"级,在相同的经费下,可以采购更多的数量,满足里根政府将攻击潜艇兵力规模提高到100艘的目标。计划预订1985财年采购首艇,但几个月后,这个构想就被放弃。

一方面,莱曼提出的攻势性"海上战略"(Maritime Strategy)已正式成为美国海军建军规划与舰艇发展的新方针,需要一种新发展的攻击潜艇来配合。

另一方面,苏联水下威胁的增长超乎预期。20世纪80年代初期,苏联"维克托"三级(Victor III级潜艇,671RTM型)开始服役,静音性大有改善,已接近美国海军"鲟鱼"级的水准,不再是能够轻易追踪捕获的目标,同时还配备了SS-N-15"海星"(Starfish)、SS-N-16"种马"(Stallion)等新武器,火力十分强大。而且情报显示,更先进的新一代苏联潜

---

[1] 因调整造舰计划时程安排之故,"设计重构"型洛杉矶方案已在稍早的1980年中遭到放弃,论性能与发展潜力也不如新时代核攻击潜艇,论节约成本则不如"快速攻击潜艇"或"舰队攻击潜艇"。

"洛杉矶"级（Los Angeles Class）

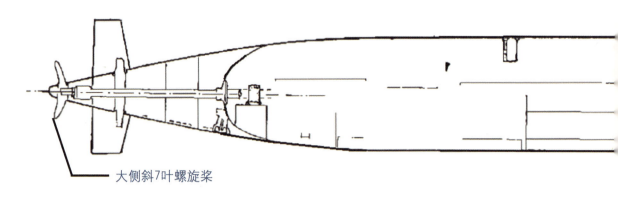

S6G核反应堆
(D1G-2炉芯)

大侧斜7叶螺旋桨

改进型"洛杉矶"级（Improved Los Angeles Class）

S6G核反应堆
(D2W炉芯)

降噪型泵与发电机

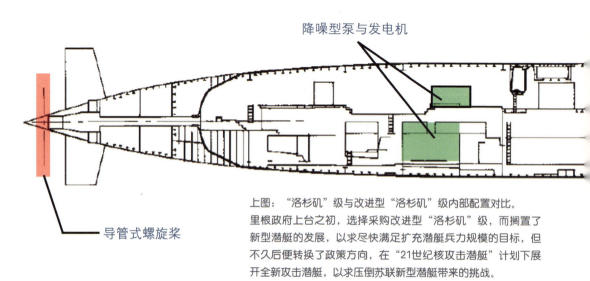

导管式螺旋桨

上图："洛杉矶"级与改进型"洛杉矶"级内部配置对比。里根政府上台之初，选择采购改进型"洛杉矶"级，而搁置了新型潜艇的发展，以求尽快满足扩充潜艇兵力规模的目标，但不久后便转换了政策方向，在"21世纪核攻击潜艇"计划下展开全新攻击潜艇，以求压倒苏联新型潜艇带来的挑战。

1 里根时代海上攻势主义的回响——"海狼"级的起源

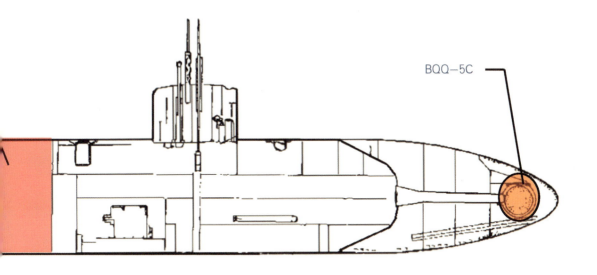

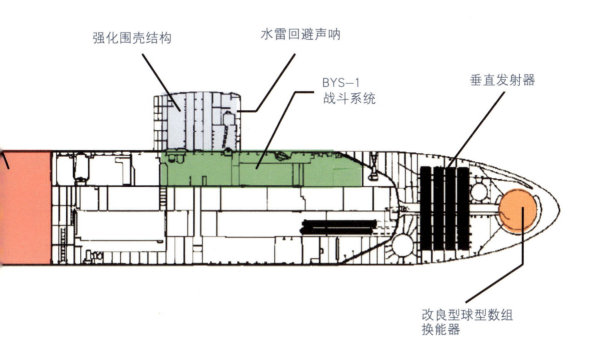

艇即将问世[1]，让美国海军感受到苏联潜艇技术的追赶压力。

在苏联潜艇技术进步的刺激下，美国海军认为，仅仅依靠"洛杉矶"级改良型已不足以维持对苏联的潜艇技术优势，于是在1982年启动了全新的SSN 21计划，决定发展一种任务特性可以符合里根政府的新战略，性能足以压倒任何苏联新型潜艇的"21世纪攻击潜艇"。

于是继先前5次不成功的尝试后，美国海军启动了第6次"洛杉矶"级后继潜艇计划。

战略转换时期的攻击潜艇发展策略

美国海军的潜艇发展策略在1979—1982年间出现了急骤、大幅度的转变，"21世纪核攻击潜艇"计划正是反映了这次转变的结果。

苏联在1979年引入了"维克托"Ⅲ型潜艇，这型潜艇配备了拖曳阵列声呐，无论静音性还是侦测能力，都大有改善。对于美国海军的攻击潜艇设计来说，提高航速的策略在此时显得不合时宜，而必须重新思考潜艇的发展策略与设计方向。

恰好就在此时，随着美国政府的更迭，美国海军迎来一波建军发展的变革时期，继卡特政府之后上台的里根政府，带来了新的海军战略构想，并提出新的攻击潜艇需求。

美国总统里根表示会逆转美国国防实力衰退的情况，新上任的海军部长莱曼受命建立一支更强大的舰队。虽然莱曼的建军计划被简化为"600艘舰艇"这个数量目标，但莱曼真正的兴趣并不只是扩张舰队规模，而是在于改变美国海军的战略基础。

4年前，当前一任的卡特政府刚上台执政时，面临了高通

---

[1] 在1982年，苏联已经开工建造两种钛合金制的新一代攻击潜艇"麦克"级（Mike Class，685型）与"塞拉"级（Sierra Class，945型），另一款"阿库拉"级（Akula Class，971型）也预计在1983年开工。

1 里根时代海上攻势主义的回响——"海狼"级的起源

货膨胀、高失业率与能源危机等一连串国内经济问题,因而在国防政策以"节约预算、集中力量于欧洲防御"为主轴,对于海军所能扮演的攻势角色没有兴趣。由于越战的失利,卡特政府意图回避陷入第三世界的冲突,这种态度也影响到美国海军的攻势力量,也就是航空母舰与两栖舰艇的发展与运用方式。卡特政府将防务重点放在北约中央前线。

至于美国海军扮演的主要角色,则是在战事爆发初期,保护美国增援西欧的大西洋航线、对抗苏联潜艇的威胁,并在战争升级为核战争时,通过海基核武力量打击预设目标。

由于核攻击潜艇被普遍视为是最有效的反潜武器,因此保护大西洋航线的战略需求,也促使卡特政府支持美国海军继

下图:美国国防部"苏联军力"报告中的"维克托"三型潜艇效果图,"维克托"三型潜艇的静音性已经接近西方潜艇水准,带给美国与北约海军相当大的震撼,以往基于苏联潜艇制定的反潜策略已不再有效,必须全盘重新拟定反潜武器与战术。

"海狼"级攻击核潜艇

续采购核攻击潜艇，核准美国海军在1989—1983财年采购9艘"洛杉矶"级潜艇。问题在于，美苏间的水下对抗形势已发生了转变。美军核攻击潜艇在战时所能发挥的效能取决于能否有效地侦测苏联潜艇，因此当苏联潜艇突然变得安静许多时，原有的战略不再奏效。

新战略的雏形："海洋计划2000"构想

早在出任里根政府的海军部长之前，莱曼便已形成扭转既有美国海军战略的想法。1977年6月，莱曼在他创办的阿宾顿国防咨询公司（Abington Corporation）担任总裁，他与当时

下图：干坞中的"维克托"Ⅲ型潜艇，"维克托"Ⅲ型刚问世时，噪声水平便降到了接近美国海军"鲟鱼"级潜艇的水准，后来经过进一步改进后，静音性能甚至可与"洛杉矶"级相比拟。

的海军部长克莱托（Graham Claytor）、参议院军事委员会法律顾问伍尔西（James Woolsey），以及军事事务作家威斯特（Bing West）等人，在纽波特（Newport）的一次会面中，共同形成一个新的海军战略构想雏形，并由威斯特将这个构想的要旨纪录在餐巾纸上。随后在克莱托支持下，这个构想从概念雏形逐步发展为完整的研究计划与政策提案，被称为"海洋计划2000"（Sea Plan 2000）。

3年之后，当莱曼出任里根政府的海军部长时，他先前曾参与的"海洋计划2000"构想，便成为他"600艘舰艇"政策的基石。

"海洋计划2000"改变了卡特政府被动防守的基本战略想定，核心诉求是让美国海军在战时扮演更积极的攻势角色，进而影响苏联的行动。

"海洋计划2000"力倡前沿导向式（forward-oriented）战略，这项构想的支持者们认为，随着技术的持续进步，使得美国海军主动夺取苏联控制区域并维持海上优势成为可能。举例来说，新的数字化武器系统，如Mk 48鱼雷与拖曳阵列声呐，可以通过急遽扩展的有效距离帮助美国海军赢得水下战争。类似的，拥有凤凰导弹（Phoenix）与数字化火控系统的F-14"雄猫"（Tomcat）战斗机，也是美国海军获得海上空中优势的关键。

当时正值数字化电子技术大爆发的初期，这些新战略倡导者们清楚看到数字化电子技术在战术与作战上的价值，它可能帮助美国赢得与苏联的军事竞争。

另一方面，当西方军事技术正从迅速发展的数字化电子产业中获益时，苏联却被抛离在这波数字电子技术大跃进的潮流之外。海军专家弗里德曼（Norman Friedman）举了一个例子：苏联的主要声呐发展部门，居然还必须为计算机编写操作系统。数字化电子技术成了西方与苏联的军事技术竞争中的一个关键因素。

上图：在出任里根政府的海军部长之前，莱曼便在参与"海洋计划2000"战略研究时，提出了攻势性的海军战略想法。

海军攻势主义的回响

在莱曼等人的"海洋计划2000"之前，便有不少高级海军军官提出过类似攻势主义想法，如卡特时期担任大西洋舰队司令的基德（Isaac C. Kidd Jr.）上将，便主张大西洋舰队在战时应积极向苏联北方舰队发动攻势。另一位海军攻势主义提倡者，是1978—1982年间出任海军作战部长的哈沃德。哈沃德稍早在担任太平洋舰队司令时（1976—1977年），便依循卡特政府的大西洋优先政策，提出通过太平洋舰队的攻势行动支援大西洋作战的想法。

哈沃德指出，若在太平洋区域对苏联采取主动攻势，可以迫使苏联两面作战。他的舰队能牵制部分苏联兵力，包括反舰导弹轰炸机与潜艇，从而减轻欧洲方面的北约盟军负担，因此无须将太平洋舰队千里迢迢地抽调到大西洋，就能达到支援北约的目的。

美国海上力量在太平洋的存在将迫使苏联将力量分散到欧洲以外区域。于是欧洲方面的北约盟军面对的苏联压力也将随之减轻。这些分散到欧洲之外的苏联兵力，便形同于苏联方面"虚拟的损耗"（virtual attrition）。

哈沃德以一个抽象的说法来描述他的想法。苏联有一些海上压力点（maritime pressure point），攻击这些压力点，将刺激苏联发出反应，进而能帮助西方赢得陆上的战争。由于苏联格外重视核力量的平衡，所以苏联也非常重视美国航空母舰发动核攻击的威胁，若美国海军航空母舰在太平洋发动攻势，苏联势必得分兵对抗，而无法集中力量在欧洲与北大西洋。

哈沃德的想法与"海洋计划2000"构想不谋而合。于是当莱曼出任海军部长后，便在此时担任海军作战部长的哈沃德协助下进一步完善构想。之后莱曼明确向国会与新政府表明美国海上力量所能发挥的积极性作用。这就是莱曼的"海上战略"。

新形势下的海上战略需求：对抗苏联海军的"堡垒"战略

莱曼上台后提出的"海上战略"，奠基在美国分析家们对苏联海军战略的新观察上。

当时美国分析家们检视了苏联文献后，对于苏联的海上

战略，开始形成一种新的看法：苏联唯一重要的敏感性海上目标，是他们的弹道导弹潜艇，海基弹道导弹在苏联核武打击力量中所占的比重越来越高。

而苏联海上战略的转变，则源自海基弹道导弹技术的进步。自20世纪70年代中期起，苏联的水下战略打击能力有了巨大的跃进，新一代的"德尔塔"级（Delta Class）弹道导弹攻击潜艇（667B型），凭借长射程的SS-N-8"索弗莱"（Sawfly）潜射弹道导弹（R-29）[1]，不再需要冒险穿越北约的格陵兰—冰岛—英国反潜阻隔防线，只需部署于巴伦支海、鄂霍次克海等相对安全的苏联近海，即足以打击美国本土目标。于是这些分析家们进而推论，在这样的新形势下，苏联攻击潜艇与其他海上兵力的主要角色，便是保护苏联弹道导弹潜艇所在的"堡垒"（bastion）区域。

相比之下，较传统的海军作战观点则认为，苏联建造了大量潜艇，其主要目的是攻击北约战时海上供应线。此外，苏联也可能尝试攻击西方的战略导弹潜艇，但苏联应该不会投入太多资源到这个极为困难的任务上面。

无论分析家们对于苏联"堡垒战略"的推断正确与否，一旦战事爆发后，苏联都肯定会在某个时间点，派遣大量潜艇攻击北约海运航线，尝试阻断美国对西欧的支援。而考虑到苏联潜艇性能的改善，北约要通过护航船团来直接保护航运已经越来越不现实。北约的所有反潜措施，例如远程侦测与空中攻击等，都有赖于侦测苏联潜艇的噪声，但是当苏联建造出足够安静的新潜艇后，原有反潜手段的效率将大打折扣，导致反潜护航任务日渐困难。

大约在1982年左右，美国海军获得的进一步情报显示，分

对页图：在莱曼出任海军部长之前，1978—1982年间担任海军作战部长的哈沃德，在1976—1977年担任太平洋舰队司令时，便提出了类似莱曼"海上战略"的构想，提议通过太平洋方面的海军攻势行动，来牵制苏联兵力，进而减轻欧洲方面的北约盟军压力。

---

[1] 1974年开始服役的R-29系列潜射弹道导弹，拥有超过4200海里（7800公里）的射程，是当时射程最远的潜射弹道导弹。美国海军一直到1979年，三叉戟（Trident）型导弹才达到这个射程等级。

上图：弹道导弹潜艇是整个苏联海军中价值最高的目标。弹道导弹潜艇所在的堡垒区域，也成为苏联海军最重视的关键要地，反过来说，只要西方能够渗透侵入堡垒区域，苏联也不得不将更多资源用于强化堡垒区域的防御上。上图为美国国防部"苏联军力"报告中，苏联"扬基"级（Yankee class）潜艇（667型）发射导弹的想像图。

析家们从苏联文献中得出的"堡垒战略"判断，是正确的。观察苏联弹道导弹潜艇的战备值勤巡逻区域变化，便可证明这一点。1960—1970年间，苏联弹道导弹潜艇的战备巡逻区域都设定在北美东、西两岸的外海。从苏联本土基地出发的苏联导弹潜艇，必须穿越北约设置在北大西洋的格陵兰—冰岛—英国缺口与太平洋第一岛链的反潜阻栅防线，才能抵达巡逻区域。20世纪80年代中期，苏联弹道导弹潜艇便将战备巡逻区域退回巴伦支海、鄂霍次克海等苏联近海。这既反映了苏联潜射弹道导弹射程的大幅增长，也证实了"堡垒战略"的存在。

这也意味着，苏联弹道导弹潜艇所在的"堡垒"区域，将是西方意图遏制苏联最有利可图的"压力点"。对于苏联海军

上图：20世纪70年代中期开始大量服役的"德尔塔"级潜艇（667B型），是苏联的水下战略核武力量发展的关键转折点，凭借长射程的SS-N-8"索弗莱"潜射弹道导弹（R-29），"德尔塔"级潜艇无须冒险穿越北约的格陵兰—冰岛—英国反潜阻栅防线，只需部署在苏联近海、拥有严密保护的"堡垒"区域，即能打击北美目标。上图为美国国防部"苏联军力"报告中，"德尔塔"级三型潜艇在北冰洋发射SS-NX-23"轻舟"（Skiff）潜射弹道导弹的想像图。

来说，弹道导弹潜艇是价值最高的目标，因而弹道导弹潜艇所在的堡垒区域是苏联海军最重视、最敏感的关键要地。只要攻击这个点，苏联海军必然会有所反应。

除此之外，美国海军若能主动攻击位于堡垒区域中的苏联潜艇，特别是弹道导弹潜艇，也可解决了苏联潜艇静音性改善所带来的反潜护航难题。如果美国攻击潜艇能在苏联堡垒区域中自由活动，无论这些美国潜艇能否发现与击沉苏联潜艇，苏联不得不将自身更多的攻击潜艇保留在堡垒区域，以便对抗侵入堡垒区域的美国潜艇。如此一来，也将减少进入公海、攻击北约航运的苏联潜艇数量，北约的反潜护航压力也将随之减轻。

"海狼"级攻击核潜艇

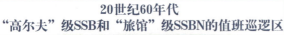

20世纪60年代
"高尔夫"级SSB和"旅馆"级SSBN的值班巡逻区

20世纪80年代后期
"扬基"/"德尔塔II/III"级SSBN值班巡逻区

20世纪70年代
"扬基"级SSBN值班巡逻区

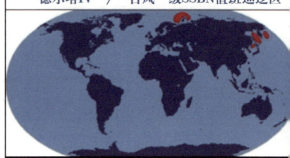

20世纪80年代后期与20世纪90年代
"德尔塔IV"/"台风"级SSBN值班巡逻区

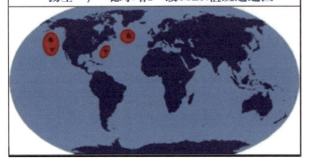

20世纪80年代中后期
"扬基"/"德尔塔I"级SSBN值班巡逻区

图：苏联弹道导弹潜艇战备值勤巡逻区域变化。从图中可以清楚看出，自20世纪60年代到80年代初期，受限于较短的导弹射程，苏联弹道导弹潜艇必须前出到北美东、西岸外海，才能覆盖美国本土目标。随着射程大幅提高的新一代潜射弹道导弹服役，自20世纪80年代中期以后，苏联弹道导弹潜艇便将战备巡逻区域退回巴伦支海、鄂霍次克海等苏联近海。

里根政府的新海上战略："攻其所必救"

莱曼"海上战略"的核心精神，是通过攻势性手段，施压苏联改变作战观点，从而达到改变苏联行为的目的，迫使苏联将大多数兵力用于防御本土，而非用于攻击北约航运。

莱曼的构想，其实就是一种"围魏救赵""攻其所必救"的概念，主动攻击苏联海军不得不重兵防守的要点，如战略导弹潜艇所在的堡垒区域，进而将苏联兵力牵制在本土防御中，减少苏联能投入到攻击北约航线上的力量。比起被动的船团护航，这种主动出击苏联关键区域的方式，将能有效达到保护北大西洋航线的目的。

为了检验莱曼这种全新战略的可行性，不同于过去通常采用的静态分析手段，美国海军决定通过动员大规模兵力进行兵棋模拟（war game），来确认新战略的成效。

美国海军以往的兵力规划大都是基于静态的计算，如需要多少艘潜艇，来填补设定的巡逻战位数量，而巡逻战位的数量，又是基于感测器侦测距离与武器性能所决定，若感测器侦测距离越大、武器射程越远，那么只需较少的巡逻战位，就能完整涵盖任务区域。反之，若感测器与武器有效范围较小，便需要设置更多的巡逻战位，才能覆盖任务区域。

而面对莱曼这套与前完全不同的"海上战略"，美国海军在时隔多年后，再次以实际的演习来评估战略政策的作用。比起静态的分析与计算，在动员实际兵力的演习中，将能实际观察假想敌（苏联）面对美军行动时，反应与决策所受到的影响，更能反映出新战略的效果。

1981年8—10月，包括美国海军在内的14个北约国家，举行了首次"海洋冒险"（Ocean Ventured）演习，动员了一共250艘舰艇、1000架飞机与12万名官兵的庞大兵力，前出到格陵兰—冰岛—英国反潜阻栅防线以北的挪威外海，展开了大规模的实战模拟演习。

"海洋冒险'81"演习的结果，证实了莱曼的想法。美国海军的攻势行动，将压迫苏联产生极大的反应，极大地牵制苏联的兵力。在演习中，直到美军舰队航空兵力出现在挪威外海时，苏联才发现北约舰队的逼近。大为震动的苏联海军虽然动用了整个北方舰队的空中与海上力量进行大规模搜索，然而在美军各式各样的隐蔽、欺诱与阻截措施下，却始终难以确认美军航空母舰所在。

"海洋冒险'81"演习验证了"海上战略"这种主动出击的策略，确实可以借由压迫、改变苏联的行为来达到美国海军的战略目的。因而新上台的里根政府决定，美国的舰艇发展计划都必须以执行"海上战略"的能力，重新评估效益。

新战略下的攻击潜艇需求

在莱曼的"海上战略"下，美国海军的舰艇发展、部署与运用必须以执行"海上战略"的能力为基准重新检讨与规划，攻击潜艇自然也不例外。

美国海军的攻击潜艇发展策略，是奠基在美国与西方海军的基本战略构想下。过去在20世纪70年代，以美国为首的整个西方国家，对抗苏联的主要策略是"围堵"，美国与北约海军的主要任务，是将苏联海军阻遏在格陵兰—冰岛—英国反潜阻栅防线之内，借此达到保护北大西洋航线的目的。因此对于美军攻击潜艇来说，最主要的任务便是反潜阻栅（ASW barrier），在格陵兰—冰岛—英国防线等要点，阻截意图进入远洋的苏联潜艇。

但面对苏联凭借远射程潜射弹道导弹构筑的"堡垒"战略，苏联弹道导弹潜艇已不再需要穿透格陵兰—冰岛—英国反潜阻栅防线，只需要躲在拥有严密保护的"堡垒"内即可打击美国本土目标，因而也降低了美国海军传统反潜阻栅战术的效用。

对页图：新的"海军战略"获得认可后，莱曼要求美国海军此后的新舰艇与潜艇计划，都必须依照执行"海军战略"的能力，重新评估价值与效益，也影响了日后的新潜艇发展方向。

里根时代海上攻势主义的回响——"海狼"级的起源

而莱曼提倡的"海上战略"一反过去的守势防堵作法,攻势性的建军与作战部署策略是以攻击来达成防御的目的。海军不再被动防守,不能只是把守在阻栅防线的后方、防止苏联潜艇进入公海而已,而应冲出格陵兰—冰岛—英国反潜阻栅防线主动出击,在平时采取前沿部署,压迫苏联海军的行动。在战时则可迅速反应,主动打击苏联海军的根据地。

在莱曼"海上战略"的攻势性指导方针下,也带来了与过去不同的攻击潜艇任务形态需求。

显然,核攻击潜艇是"海上战略"中关键环节。航空母舰战斗群虽然也能通过发动攻势,攻击苏联舰艇与基地,但只有核攻击潜艇能够穿过苏联的堡垒海域、攻击此区域内的苏联弹道导弹潜艇。也就是说,核攻击潜艇是唯一能够直接打击苏联海军最高价值目标——弹道导弹潜艇——的作战载台,而航空母舰战斗群并不能执行这样的任务。

但要让攻击潜艇进入苏联重兵设防的堡垒海域实现攻击苏联弹道导弹潜艇的目的,也绝不容易。对于攻击潜艇的噪声辐射控

左图:通过"海洋冒险'81"演习,验证了莱曼的"海军战略"可行性,一反过去的被动防御政策,莱曼提倡主动出击、压迫苏联海军的行动,不仅改变了美苏间的海军对峙形势,也改变了此后的美国海军舰艇发展方向,促成了"21世纪核攻击潜艇"计划的诞生。

下图:莱曼新的"海上战略"要求美国海军采取攻势性行动,攻击潜艇不再只是把守在格陵兰—冰岛—英国反潜阻栅防线后方,担任被动的反潜阻栅角色,而应主动前出、渗透侵入苏联弹道导弹潜艇的堡垒区域,从而压迫与牵制苏联海军的兵力运用。上图为美国国防部"苏联军力"报告中,刊载的苏联弹道导弹潜艇基地想像图。

制、被动侦测能力、冰层下操作能力以及武器搭载量,都有极高的要求。拥有高度静音性、配备先进被动声呐、充足的武器搭载,以及具备高度冰层下活动能力的攻击潜艇,才能充分应对这项任务。

然而美国海军现有的攻击潜艇,都是基于旧的战略构想而发展,不能满足新战略的需求。较早服役的"长尾鲨"级与"鲟鱼"级潜艇是以反潜阻栅为主要任务而设计,静音性能、声呐设备和武器搭载,都达不到渗透苏联堡垒区域的要求。至于较新的"洛杉矶"级,最初的设计目的是提高航速,以便参与航空母舰战斗群护航,缺乏足够的北冰洋活动能力,并且声呐装备与武器搭载也不能完全适应"海上战略"的需求。

里根时代海上攻势主义的回响——"海狼"级的起源

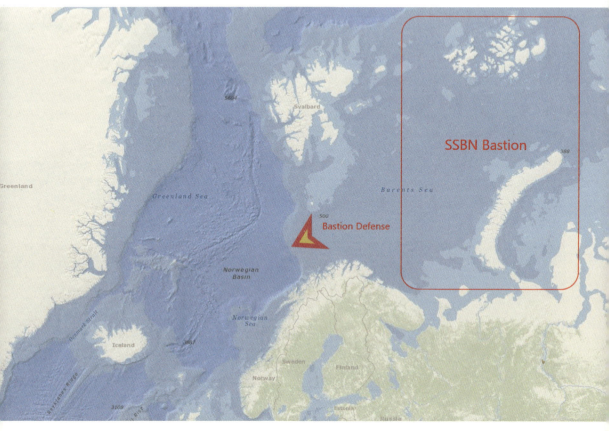

因而美国海军需要一项全新的攻击潜艇计划,通过全新的设计来发展符合"海军战略"需要的攻击潜艇。这也促成了"21世纪核攻击潜艇"计划的诞生。

上图:凭借远射程的新型潜射弹道导弹,苏联自"德尔塔"级以后的弹道导弹潜艇,只需部署在苏联近海的堡垒区域,即可打击北美目标,无须冒险穿越北约的反潜防线。苏联的弹道导弹潜艇堡垒区域主要位于巴伦支海与鄂霍次克海,上图为巴伦支海的苏联弹道导弹潜艇堡垒区域示意图。

"21世纪核攻击潜艇"计划

在美苏冷战对峙形势下,为求打破美国海军自20世纪70年代以来一味被动防守形成的僵局,里根政府上台后,新上任的海军部长莱曼,基于他参与"海洋计划2000"研究的经验,力倡让美国海军在战时扮演积极的攻势性角色,并以此施压苏联,进而改变整体形势。

而"21世纪核攻击潜艇"计划,正反映了这样的战略政策转变。

"21世纪核攻击潜艇"——"后里科弗时代"的首个攻击潜艇计划

随着里科弗于1982年1月31日的强制退役,也让1982年中启动的"21世纪核攻击潜艇"计划成为美国海军第1个没有里科弗参与的核潜艇计划。

虽然莱曼与里科弗两人的观点与政策目标,有许多共通之处,例如都严厉批评官僚主义造成的延误,但这两位个性都很强硬的人物之间也有一些冲突。过去曾有许多人尝试让里科弗退役,但最后莱曼成功了。其主要原因是莱曼对于国会政治的理解

"海狼"级攻击核潜艇

较为深刻。

里科弗的退役消除了自20世纪70年代末期以来,美国潜艇发展的一系列争议中的副作用。在里科弗的强势影响下,任何意见相左者都会遭到严厉的打压,以致给美国海军内部的潜艇发展方向探讨,造成负面的风气。因此里科弗退役如同解开了美国海军长年来的束缚。美国海军可以在潜艇发展上作出更多元化的尝试。

另一方面,除了苏联潜艇技术进步所带来的刺激外,当时美国海军潜艇技术的发展,以及海军战略与政策的更迭,也都到了一个转折点,这些因素让"21世纪核攻击潜艇"计划的展

下图:里科弗于1982年1月退役,也解开了他长年来给美国海军潜艇发展带来的束缚。此时美国海军可以作出更多样化的尝试。照片为里科弗退役后,于1983年8月27日参与以他命名的SSN 709核攻击潜艇下水命名仪式,照片左方着黑色西装者为里科弗,最右侧负责掷瓶的是里科弗夫人。

开水到渠成。

在战略与政策方面，莱曼的"海上战略"带来了与前不同的攻击潜艇需求，促使美国海军发展一种能配合新战略的全新攻击潜艇。

在潜艇技术方面，20世纪80年代初期，一系列新技术都已发展，但既有的"洛杉矶"级却缺乏足够的冗余，来完整应用这些新技术。而"21世纪核攻击潜艇"计划可以充分发挥这些新技术的效益。

潜艇技术新进展

首先，基于D1W核反应堆延伸发展而来的新型高功率潜艇用核反应堆已经投入生产；其次，"宽孔径阵列"声呐，以及与其搭配的视距外反潜导弹（stand-off ASW，也就是后来的"海长矛"（Sea Lance）反潜导弹），也即将投入使用。

"海长矛"反潜导弹被寄予很高的期望，被视为可在渗透苏联堡垒区域的作战中，发挥重要的作用。虽然苏联的新潜艇静音性能大有改善，但只能在低速下维持静音。当苏联潜艇面对美国潜艇的鱼雷威胁时，由于鱼雷的有效射程有限，苏联潜艇可以承担噪声增加、且失去以被动声呐接触对方的风险，提高航速迅速穿过美国潜艇的鱼雷有效射程，所以苏联潜艇指挥官仍可能会冒险拦截意图侵入堡垒区域的美国潜艇。

而"海长矛"反潜导弹的有效距离可以触及1或2个汇声区（convergence zones），接战距离达到了被动声呐的最大侦测距离，那便将成为一个完全不同层次的对手，美国潜艇可利用"宽孔径阵列"的远距离被动侦测能力与长射程的"海长矛"反潜导弹，在苏联潜艇未能察觉的情况下，率先从远距离外发起攻击。由于无法得知美国潜艇潜伏于何处时，苏联潜艇指挥官不得不谨慎行动，大幅减少自身暴露在堡垒区域外的时间，这就提高了美国潜艇侵入堡垒区域的成功率。

"海长矛"反潜导弹最初被设定为配备核弹头，但也能衍生出配备导向鱼雷的版本。不过里根政府并不喜欢使用升级冲突局势的核弹头版本，因此"海长矛"反潜导弹最终便以导向鱼雷弹头为主。[1]

类似的，美国陆军与空军稍后提出的"空陆一体战"构想，也是依靠常规武力来挫败苏联的陆上攻势，克服过去一味依赖战术核武器来遏止苏联攻势的困境。

为了对抗越来越安静的苏联潜艇，海军水下系统中心（Naval Undersea Systems Center，NUSC）正在研发新型的艇艏声呐。先前的BQQ-2、BQQ-5等艇艏声呐都是采用发射/接收合一的球形阵列。而海军水下系统中心发展的新艇艏声呐将改用发射阵列与接收阵列分离的设计，从而可让接收阵列拥有比发射阵列更大的尺寸，以获得更高的增益。接收阵列单元也不再需要高功率的脉冲信号，因而得以提高灵敏度。

拖曳阵列声呐此时也有新的发展。除了已经准备服役的粗线型（fat-line）拖曳阵列外（如TB-16），新的细线型（thin-line）拖曳阵列也接近完成（即日后的TB-23），凭借较细的阵列，可在相同空间内容纳更多的阵列，进而获得更高的增益。

既有的"洛杉矶"级或是更老的"鲟鱼"级与"长尾鲨"级潜艇，升级改装冗余已所剩无几，难以充分应用前述这些新技术，因此若要将D1W核反应堆、宽孔径阵列、新型艇艏声呐以及细线型拖曳阵列这些新技术投入实际应用，将需要一个全新设计的潜艇平台。

---

[1] 里根政府的新政策，是依靠常规武器来击败苏联，摆脱过去对于战术核武的依赖。若美国潜艇以核弹头导弹摧毁苏联弹道导弹潜艇，很可能被苏联视为遭遇核武攻击，因而发动核武反击，最终导致局势升高。反过来说，若通过常规武器，就能实现摧毁苏联水下战略武力的目的，如此一来，苏联将陷于是否要为了自身弹道导弹潜艇遭到常规武器攻击，而发动核报复，导致升高冲突的两难困局。

2 "21世纪核攻击潜艇"计划　035

突破窠臼的渴望

　　除了升级改装冗余已近耗尽、难以应用新技术外，美国海军潜艇单位对"洛杉矶"级也有许多不满。不少潜艇部队成员都认为，"洛杉矶"级的设计反映了海上系统司令部墨守成规的保守想法。他们认为苏联的潜艇设计更具开创性，在某些方面做的更好，例如，苏联攻击潜艇拥有与壳体仔细融合的流线型指挥塔围壳，不仅减少了围壳的阻力，也降低了发生瞬间突发性横滚（snap roll），从而失去深度的概率。

下图：海军水下系统中心研制、后来应用在"21世纪核攻击潜艇""海狼"级潜艇上的新型艇艏声呐，采用发射／接收单元分离的新架构，较大型的球型单元为接收阵列，下方较小型的半球型单元是发射阵列，外部环绕的支架则是适形接收阵列。

苏联海军在动力单元与压力壳材料方面，也比美国海军更大胆地应用新技术，从而拥有更紧致、功率密度更高的动力单元，以及更高的潜深。如"阿尔法"级（Alfa class）潜艇（705型）便通过钛合金耐压壳，搭配极为紧致的液态金属冷却核反应堆，不仅可获得更大的潜深，而且无须在武器携载量和整体尺寸上做出牺牲。

苏联潜艇的火力也更强，能配置更多鱼雷管，并在较小的壳体内携带更多的武器。虽然苏联使用的鱼雷与美式线导鱼雷不同，但仍有许多美国潜艇军官抱怨，相较于美国潜艇设置于艇艏侧面的斜角式鱼雷管，苏联潜艇的艇艏鱼雷管配置更优越，无须担心鱼雷导线折断。

而里科弗在潜艇设计上的许多坚持却成了美国潜艇设计变革的障碍。现在里科弗已经离任，因而他长年来给美国海军潜艇设计带来的束缚，也跟着解除，让此时的美国海军期望在"21世纪核攻击潜艇"上尝试更大胆的设计。

实用化的发展路线

虽然美国海军许多第一线潜艇军官，都期望新一代攻击潜艇采取新设计，例如体积紧致的高功率核反应堆，以及新的耐压壳材料等。但进一步的设计实践结果证明，物理与技术上的限制，而非里科弗，才是问题所在。反过来说，里科弗在核反应堆与潜艇设计上的许多保守思路，有其实用性方面的考量。

举例来说，当时唯一实际可用的轻量化核反应堆是液态金属冷却式核反应堆或气体冷却式核反应堆，如苏联的"阿尔法"级便采用前者。美国海军也曾在1957年服役的"海狼"号潜艇（USS Seawolf SSN 575）上尝试过液态金属冷却核反应堆，但运用经验相当不理想。而后来的结果也证明，苏联也一样，有1艘"阿尔法"级潜艇便因发生液态金属冷却液凝结事故而遭到报废。

至于当时还不存在、但受到更高期望的核动力燃气涡轮

(nuclear gas turbine），也因安全性最终遭到放弃。

此外，苏联式的钛合金艇壳虽然有助于缩减潜艇整体尺寸，但高昂的成本让人难以接受。事实上，苏联方面也有许多人并不认同钛合金耐压壳，早在1973年，当时苏联国防部长格列奇科（Andrei Antonovich Grechko）便曾屡次尝试取消成本不断升高的"阿尔法"级潜艇计划，但没有成功。

后来苏联虽然又发展了更大型的钛合金攻击潜艇"塞拉"级（945型，搭配传统的压水式核反应堆），但最后仍因成本过高之故，转向发展另一种性能相当、改用传统钢制艇壳的"阿

下图：许多美国海军潜艇部队成员都认为，海上系统司令部在"洛杉矶"级上的设计过于保守，相比之下，苏联的潜艇设计更具开创性。如照片中的"阿尔法"级潜艇，便大胆采用了钛合金耐压壳、液态金属冷却核反应堆，以及流线形的围壳等崭新设计。

"海狼"级攻击核潜艇

下图与对页图:比起美国潜艇优先将艇艏空间用于容纳声呐,而将鱼雷管改置于艇艏后方两侧、并以斜角配置的做法,许多美国潜艇军官更偏好苏联潜艇的艇艏鱼雷管配置,认为可避免鱼雷导线遭到折断。下为美国"洛杉矶"级艇艏侧面的斜角鱼雷管,对页图为苏联"阿库拉"级的艇艏鱼雷管,可以清楚看出这两种鱼雷管配置的区别。

库拉"级(971型),这也是苏联唯一负担得起的、可以大量投入建造的新型潜艇。

美国的分析家们对于苏联潜艇发展方向的判断,也得出了与苏联专家们相同的答案,液态金属冷却核反应堆或钛合金耐压壳都不能大量生产,真正实用化的发展路线,还是得回到较保守的压水式核反应堆以及钢制耐压壳。而这样的判断也适用于美国海军自身的"21世纪核攻击潜艇"发展上。

"21世纪核攻击潜艇"计划起步

美国海军其实从1982年便开始着手拟定新型攻击潜艇的需

求。而这个时间点，对于启动新潜艇开发计划特别有利。

（1）在里根政府大举投资军备的政策基调下，美国海军获得了启动全新攻击潜艇研发计划所需的充分经费支持。稍早的卡特政府时期，美国海军受制于有限的经费资源，只能在"快速攻击潜艇"这类低成本攻击潜艇计划或是"洛杉矶"级的改良上打转。而在里根政府上台后，美国海军便不再迁就于成本，可以放手打造理想的攻击潜艇设计。

（2）海军部长莱曼提倡的"海上战略"催生了与前不同的新型攻击潜艇需求，也赋予美国海军启动全新潜艇计划的正当性。

（3）潜艇部队出身的沃特金斯（James D. Watkins）于

1982年6月出任海军作战部长。这是时隔33年之后，再次有潜艇军官升任到这个位子，提高了潜艇派系在美国海军中的发言权，而沃特金斯也很自然地成为新潜艇计划的主要支持者。

基本需求的制定

执掌海军作战部长办公室所属潜艇战部门的作战部副部长（DCNO）桑曼中将（Nils Thunman），于1982年5月召集了一批潜艇军官与工程师，组成一个代号"探戈"的专门小组（Group Tango）[1]，负责制定新潜艇的基本特性。

为了配合新的"海上战略"，桑曼中将要求，任何新型攻击潜艇设计，都不能仅仅只是将新的核反应堆与"洛杉矶"级潜艇的战斗系统结合在一起而已，而必须全面性地检讨任务需求与设计。于是"探戈"小组从7个基本性能方向出发，分别探讨新潜艇的性能特性，并设定性能目标。这7个方面的性能目标分别是[2]：

(1) 航速。
(2) 潜深。
(3) 鱼雷管。
(4) 武器搭载。
(5) 北极活动能力。
(6) 辐射噪声。
(7) 声呐效能。

---

[1] Tango即为北约无线电话音通话中，英文字母T的读音，代表了桑曼中将的姓氏（Thunman）字首T。

[2] "探戈"小组为"21世纪核攻击潜艇"计划设定7个方面的性能目标，是来自波尔玛（Norman Polmar）的《冷战时期的潜艇》（Cold War Submarine）一书中，波尔玛于1985年9月亲自采访桑曼中将本人的说法。但《简氏水下作战系统年鉴》（Jane's Underwater Warfare Systems）则另有不同记载，指出"探戈"小组将"21世纪核攻击潜艇"计划的性能分为6个方面，包括：静音性、航速、潜深、武器搭载、鱼雷管，以及北极冰层下活动能力，与波尔玛的记载相比，少了声呐效能这一项目。

在新的"海上战略"下，要求核攻击潜艇尽可能前沿部署，渗透、进入苏联的堡垒区域，并侦测苏联弹道导弹潜艇，同时避免遭到对方的侦测。

要渗透、进入苏联严密把守的海域，新潜艇的首要设计目标，便是重新取得对于苏联潜艇的"声学优势"（acoustic advantage），尽可能减少自身的辐射噪声，同时大幅提高感测器、声呐信号处理与武器火控系统能力，以便在复杂的环境中侦测苏联弹道导弹潜艇，同时避免自身遭到侦测。除此之外，由于苏联弹道导弹潜艇的堡垒区域多位于北极圈内或邻近北极圈，所以新潜艇也必须拥有充分的极地水域活动能力。

考虑到要确保对苏联潜艇的战术优势，新潜艇被要求具备更高的航速，还要有更大的潜深，以挽回"洛杉矶"级失去的潜深性能。

这一轮的新潜艇设计研究也论及了新材料的应用。这一次很快就确定HY-130将高强度低合金钢用于新潜艇耐压壳的建造，以便在提高潜深性能的同时，不致付出结构重量大幅增加的代价。虽然HY-100高强度低合金钢也是一个选择，比起当时美国潜艇耐压壳的标准钢材HY-80，强度提高了25%，但相较于HY-130高强度低合金钢，仍是一种倒退。

最后，桑曼中将还特别要求提高新时代核攻击潜艇的火力，必须拥有比"洛杉矶"级多出至少一倍的鱼雷管配置，而鱼雷室所携带的重新装填武器数量，也必须高出近一倍。"洛杉矶"级是22枚，新潜艇是42枚，

显然的，新潜艇在大幅提高性能的同时，成本会远高于"洛杉矶"级。但桑曼中将认为只要性能够好高成本是可以接受的。之前曾遭到拒绝的想法此时也都被再次提出、重新评估讨论，例如配置于艇壳外部或内部的武器搭载等。

当时美国国会仍对"洛杉矶"级核攻击潜艇的高成本抱怨不已，潜艇被批评像是"镀金"（gold-plated）一样昂贵。于是"探戈"小组决定先行展开新潜艇的设计工作，稍晚再提交

给国会。

为了缩小尺寸与成本，桑曼中将的潜艇战部门同意略微调降原本的最高航速目标，如此一来，便能采用功率较小的核反应堆。取而代之的是强调战术航速（tactical speed）的重要性，在这个速度下，潜艇仍能保持足够的静音性，不仅不易遭到侦测，同时也能维持被动声呐的有效运作，因而可在自身遭到敌方潜艇侦测之前，先一步捕捉到对方。

入侵苏联堡垒区域的新需求

"探戈"小组特别重视战术航速的做法，符合了莱曼部长在新的"海军战略"中，要求攻击潜艇主动渗透侵入苏联堡垒区域的任务需求。

"探戈"小组要求新潜艇拥有两倍于"洛杉矶"级的战术航速，这意味着新潜艇设定的静音战术航速，至少在20节以上，相比之下，美国方面估计苏联攻击潜艇的战术航速不过6~8节而已。

通过大幅提高战术航速，将带来极大的战术价值，新时代核攻击潜艇可在具有充分静音性与被动声呐操作能力的同时，还兼具较高的航速，从而能在对抗苏联潜艇时占尽上风。当双方潜艇都以静音战术航速航行、并试图以被动声呐追踪对方时，由于苏联潜艇的战术航速远低于美国新型攻击潜艇的战术航速，跟不上后者的机动，战术占位将落于下风；一旦苏联潜艇试图提高航速，又会造成自身噪声的增加，导致被动声呐效率降低，也会让自身成为更容易被美国潜艇捕捉的目标。

新型攻击潜艇可凭借高度的静音性避开苏联的侦测，悄悄地"溜进"苏联堡垒区域，搜索与猎杀苏联潜艇，然后再通过较高的静音战术航速隐蔽地脱离。这也会迫使苏联集中力量对付侵入堡垒区域的美国潜艇，而非把兵力部署到公海攻击北约航线。

美国方面认为苏联的指挥管制能力并不充分，也不具备水

对页图：1981—1985年间担任美国海军水下作战部副部长的尼尔斯·桑曼中将，主导了"21世纪核攻击潜艇"计划的初使需求设定。桑曼中将是老潜艇兵出身，1979—1981年间是太平洋舰队潜艇部队司令。

2 "21世纪核攻击潜艇"计划 043

下敌我识别能力。当苏联潜艇要在堡垒区域猎杀1艘隐藏在大量苏联潜艇之中的美国潜艇时,势必会误伤自己的潜艇。

另一方面,由于苏联在进出堡垒区域的要点重兵扼守,所以对于美国潜艇来说,在渗透进入与脱离苏联堡垒区域时是最危险的。于是新型攻击潜艇被要求尽可能装载更多的武器,以便长期滞留于堡垒区域,减少冒险脱离的频率。这也是桑曼中将要求提高潜艇武器携载数量的根本原因。

由于猎杀苏联弹道导弹潜艇,是新潜艇的主要任务目标,因而新潜艇的武器搭载将以鱼雷为主。新潜艇有一个空前庞大的鱼雷室,可以携带42枚鱼雷,再加上预先装填于8具鱼雷管内的鱼雷,鱼雷携带量可达到50枚。

新潜艇将不会配备发射"战斧"导弹的垂直发射器。新潜艇能携带鱼叉(Harpoon)导弹与"战斧"导弹,但都是通过

下图与对页图:新一代的苏联弹道导弹潜艇,多部署在北极圈一带、苏联近海的堡垒区域,因此以渗透侵入堡垒区域为主要任务的"21世纪核攻击潜艇",也必须拥有良好的北冰洋冰层下活动能力,才能胜任猎杀苏联弹道导弹潜艇的任务。下为突破冰层上浮的苏联"德尔塔"级四型弹道导弹潜艇,对页为于北极点突破冰层上浮的"海狼"号潜艇。

鱼雷管发射。

为了进一步改善静音性，新潜艇将配备直径更大的新鱼雷管，这也是自美国海军在1920年服役的S级潜艇上引进21英寸鱼雷管以来，第一次决定变更攻击潜艇的鱼雷管直径规格。新鱼雷管直径从26英寸～30英寸不等。通过更大直径的鱼雷管，能让现有的21英寸鱼雷以自航方式安静地射出鱼雷，也可改用水冲压弹射方式（water-jet ejection）发射，而非现有的液压活塞推动方式。而直径更大的鱼雷管允许发展拥有更佳长宽比的新鱼雷。

情报显示，苏联对于在北冰洋冰层下方操作弹道导弹潜艇显露了很高的兴趣。因此以猎杀苏联弹道导弹潜艇为主要目标的新型攻击潜艇，也必须拥有在冰层下作战的能力。这意味着必须拥有强化的指挥塔围壳，并将水平舵挪到艇艏，且具备将

下图：在莱曼新的"海军战略"下，美国海军新启动的"21世纪核攻击潜艇"计划，将以渗透侵入苏联堡垒区域，搜寻与猎杀苏联弹道导弹潜艇为主要任务，也带来了与先前攻击潜艇不同的性能特性需求。上图为美国国防部"苏联军力"报告中，苏联"德尔塔"级三型弹道导弹潜艇发射导弹的想像图。

水平舵放置到艇内的机构。另外为提高潜深，同时又不致增加重量，新潜艇决定以HY-130高强度低合金钢建造。

除了静音性与冰层下活动能力外，要让新型潜艇扮演好入侵苏联堡垒区域的角色，还需要有态势感知能力。为了避免敌方控制的危险海域暴露自身，新潜艇必须以被动声呐来作为侦测目标与武器火控的主要手段，因而对被动声呐性能有着很高的要求，新型的宽孔径阵列与拖曳阵列都是必备的。

在设想的渗透堡垒区域任务中，新型潜艇将会遭遇较远洋复杂许多的战术情境，再加上新型声呐也大幅扩展了侦测目

标,大幅增加了新潜艇所能侦测覆盖的范围,但也进一步增加了新潜艇必须面对的环境复杂性。因此这种新型潜艇将会搭配1套可以自动追踪目标,并提供强大"目标动态分析"能力（Target Motion Analysis,TMA）的战斗系统,结合宽孔径阵列与新型拖曳阵列声呐,将能大幅提高被动追踪分析的效率。

海军部长莱曼批准了这个新潜艇概念设计,计划在1989财年采购首艇。并希望将首艇的成本上限定为16亿美元,预定从第5艘起可降到10亿美元。接着海军作战部长沃特金斯则在1983年12月批准了新潜艇的特性规格。这时距离"探戈"小组开始制定需求已相隔了一年半时间,由此也反映出"探戈"小组的谨慎态度。

上图:为了胜任渗透进入苏联堡垒区域的要求,"21世纪核攻击潜艇"计划非常重视提高静音战术航速,可在保持静音隐蔽的同时,具备较高的机动性,有利于隐蔽地潜入堡垒区域。上图为早期的"21世纪核攻击潜艇""海狼"级潜艇想像图。

上图:"21世纪核攻击潜艇"拥有美国潜艇史上最庞大的鱼雷室容量,武器携载数量2倍于基本型"洛杉矶"级,也比增设垂直发射管的改良型"洛杉矶"级多出1/3,借此可减少"21世纪核攻击潜艇"重新补给的频率,长期滞留在堡垒区域,降低脱离任务重新补给导致的脆弱性。图为"洛杉矶"级的鱼雷室。

崭新的设计

当"探戈"小组拟定的新型攻击潜艇基本特性规格于1983年底获得批准后,海上系统司令部随即着手新潜艇的预备设计(Preliminary Design)。

在1983年这个时候,美国只剩下通用动力电船公司(General Dynamics Electric Boat,GDEB)[1]与纽波特纽斯(Newport News)两家潜艇船厂,其中纽波特纽斯船厂是"洛杉矶"级的细部设计承包商,电船公司则承担了"俄亥俄"级(Ohio Class)弹道导弹潜艇的设计。美国海军希望继

---

[1] 1952年,电船公司更名为通用动力公司,1953年,又收购了康维尔(Convair)公司。公司决定将控股公司命名为"通用动力",而潜艇建造部门依旧保留"电船"(Electric Boat)的名称。

续维持两家船厂的设计经验与能力，在1983年12月同时与两家船厂签订了新型攻击潜艇的预备设计合约。审查了两家船厂的初步提案后，美国海军决定让两家船厂组成联合设计团队，在海上系统司令部的领导下，一同参与新潜艇的预备设计工作。

在海上系统司令部公布的第一批新潜艇草图中，显示全部8具鱼雷管都布置于艇艏，指挥塔围壳也比以往更短，并采用类似苏联潜艇围壳的流线形。除此之外，新潜艇放弃了美国潜艇惯用的围壳水平舵，改为可收入艇体内的艇艏水平舵，这说明海上系统司令部听取了一线潜艇军官的意见。

在艇艉方面，没有采用美国海军惯用的十字形艉舵，而是非传统的Y字形艉舵布置，基本概念类似于X形艉舵，兼具改善控制性与减轻重量的效果。

新潜艇的长度与"洛杉矶"级相当，但艇壳直径更粗，让艇体更肥满，以求获得更好的流体动力性能。由于除了艏、

下图：基于降低噪声的考量，"21世纪核攻击潜艇"将配备比标准21英寸鱼雷管直径更大的新型鱼雷管，考虑的口径范围从26～30英寸，通过这种直径更大的鱼雷管，可让标准的21英寸鱼雷从鱼雷管中自力游出，避免发射鱼雷的噪声。图为后来配备于"海狼"号的26英寸鱼雷管后膛门。

上图:为了满足崭新的任务需求,"21世纪核攻击潜艇"计划从耐压壳材料、围壳构型、声呐到推进器,都引进的新设计与新技术,但也隐含了较高的技术风险。上图为早期的"21世纪核攻击潜艇"想像图。

艇以外的多数艇体区段,都是圆筒构型,便于满足布置宽孔径阵列的需要,可以让宽孔径阵列在艇壳表面上由前到后直线排列。新潜艇预定采用的核反应堆则是源自D1W核反应堆的延伸发展型S6W。

为了克服鱼雷管与声呐占用艇艏空间的问题,新潜艇优先将艇艏用于布置鱼雷管,并在声呐设计上作出调整。由于艇艏内部大半空间都被8具鱼雷管占用,所以新潜艇预定改采用布置在艇艏外侧表面的适形接收阵列,称作"先进适形声呐阵列系统"(Advanced Conformal Sonar Array System,ACSAS),"先进适形声呐阵列系统"的接收阵列沿着整个艇艏的表面进行布置,阵列中还开设了供鱼雷管通过的开孔。

"先进适形声呐阵列系统"可以让鱼雷管与声呐同时并存配置于艇艏,解决了斜角式鱼雷管可能折断鱼雷导线的问题。而艇艏的接收阵列能获得非常大的阵列面积,能大幅提高声呐的增益,从而改善侦测能力。但代价是不规则的阵列形状将给计算机波束成形处理计算带来很大的挑战,美国海军当时认为这是可以办得到的。

要确保被动声呐的性能,新潜艇预定采用更为安静与紧致的机械设备(核反应堆、主机、辅机与发电机等),采用敷设于艇壳表面的消音瓦,还将以泵喷射(pump jet)推进器,取代传统的螺旋桨。

在此之前,美国海军已决定为编列在1988财年以后的"洛杉矶"级引进导管螺旋桨(Annular screw)形式的新型推进器,以帮助改善静音性能。而新一代的攻击潜艇,则引进更高级的泵喷射推进器,这将是美国海军首次采用泵喷射推进器,

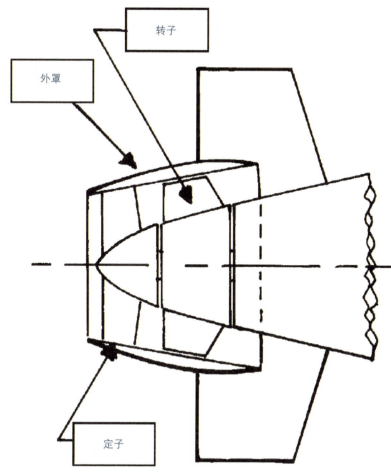

左图:"21世纪核攻击潜艇"的泵喷射推进器图解。为了改善静音性、并提高战术航速,"21世纪核攻击潜艇"计划成为第1个采用泵喷射推进器的美国潜艇。

图中标注：
- 低频接收阵列 250个共形接收单元（陶瓷）
- 高频主动阵列
- 高频接收阵列 10920个接收单元
- 中频接收阵列 980个共形接收单元（陶瓷）

上图："21世纪核攻击潜艇"计划最初预定采用布置在整个艇艏表面的"先进适形声呐阵列系统"，但进一步评估显示，这种适形声呐的不规则阵列，所需要的波束成形运算，超出了当时计算机能力，最终遭到放弃。"21世纪核攻击潜艇"最后改用美国海军传统的艇艏球形声呐阵列。事实上，"先进适形声呐阵列系统"这种超大型艇艏表面适形声呐阵列的信号处理技术，要等到20多年后才进入实用化，上图为美国海军在2000年代初期的"适形声呐"（Conformal Acoustic Velocity Sonar, CAVES）计划示意图。

当时只有英国皇家海军在攻击潜艇上使用过这种推进器[1]。

泵喷射推进器由固定的定子（stator）、旋转的转子（rotor）与导管外罩（duct shroud）组成。泵喷射推进器吸入海水后，通过数级的定子与转子后，再由艇艉排出，从而推动潜艇。比起传统螺旋桨，泵喷射推进器可以减少空穴或空蚀现象（cavitation），降低螺旋桨相关的噪音源，解决因螺旋桨桨叶转率（blade-rate）造成的问题，并大幅提高空蚀速度（cavitation speed），让潜艇在

---

[1] 英国皇家海军首先在"丘吉尔"级（Churchill Class）核攻击潜艇的"丘吉尔"号上，安装了用于测试的原型泵推喷射推进器。稍后"迅捷"级（Swiftsure Class）核攻击潜艇的首艇"迅捷"级也配备了泵推进器，并从"特拉法加"级（Trafalgar Class）核攻击潜艇开始全面引进，除了首艇"特拉法加"号以外，后续艇全部都配备了泵喷射推进器。

更高的航速航行时不产生空蚀噪声。

泵喷射推进器比起传统螺旋桨多了导管外罩、定子等结构，增加了整个推进器的表面积，也带来更大的阻力，推进效率不如传统螺旋桨，还影响了纵向稳定性。尽管有着这些缺点，由于新型攻击潜艇以提高静音战术航速作为优先设计目标，所以仍旧采用了泵喷射推进器。

另外，美国海军还考虑在新潜艇上应用聚合物喷洒系统（polymer ejection system），通过在艇身上喷洒特殊化学混合物，作为降噪与减阻的手段。早在1970—1972年间，美国海军便曾在"大青花鱼"号试验潜艇（USS Albacore AGSS 569）上，初步测试过聚合物喷洒系统，后来在"长尾鲨"级的"鲦鱼"号（USS Jack SSN 605）与"鲟鱼"级的"威廉·贝茨"号（USS William H. Bates SSN 680）也进行了相关

下图："21世纪核攻击潜艇"计划最终改回采用美国海军潜艇传统的艇艏球形声呐，虽然不像原定采用的"先进适形声呐阵列系统"那样先进与激进，但仍然是一套性能空前的潜艇声呐系统，由24尺直径的大形球形接收阵列、半球形的主动阵列，以及环绕艇艏的接收阵列组成。

测试,其中"鲥鱼"号测试了这种系统的降噪效果,"威廉·贝茨"号则检验了减阻方面的效益。而在新一代攻击潜艇设计检讨中,也把这种系统的应用列入评估。

设计的折中与取舍

依照海上系统司令部发布的初步设计,新型攻击潜艇将结合东、西方两大阵营潜艇设计特点,拥有众多崭新设计。它既应用了美国最新技术(如新型核反应堆、HY-130高强度低合金钢、宽孔径阵列、适形艇艏阵列、Y字形尾舵、泵喷射推进器与降噪措施等),也仿效了部分苏联潜艇设计(如流线形围壳与艇艏鱼雷管等),许多设计都是先前美国潜艇未曾采用过的。

下图与对页图:美国海军原本打算为"21世纪核攻击潜艇"计划采用类似苏联的流线型指挥塔围壳,如下图中苏联"阿尔法"级潜艇的围壳,但最后改回美国潜艇传统的围壳构形,只在围壳前方根部增设小型的楔形填角构造,作为减阻、降噪之用,如对页图中的"海狼"级潜艇围壳所示。

2 "21世纪核攻击潜艇"计划

新型攻击潜艇极富野心的设计目标也带来较高的技术风险,有需要应用新的核反应堆、推进系统、战斗系统与耐压壳材料技术,这也背离了美国海军潜艇计划的传统原则:一级新潜艇上应限制同时使用的新技术数目,以避免承担过高的技术风险。但是在这一轮的新潜艇开发计划中,同时引进多种新技术,被认为是对抗苏联潜艇不可或缺的条件。

大量应用新技术所带来的技术风险还是让新潜艇开发计划遭遇了难以克服的困难。在预备设计研究的后期阶段,海上系统司令部的原始设计在许多方面都碰上问题,被迫作出调整。

首先,美国海军发现,"先进适形声呐阵列系统"的不规则适形阵列不是当时的计算机能力所能负担,只能采用球形

上图："21世纪核攻击潜艇"效果图，已完整呈现了后来"海狼"级潜艇的基本外形特征，包括设于艇艏的水平舵，艇艏后方侧面的鱼雷管，带有楔形填角构造的围壳，艇尾的"十"字形尾舵，艇壳侧面的3组宽孔径阵列，还有艇壳顶部右侧的TB-16拖曳阵列声呐管状整流罩。

的接收阵列（也就是BQS-6艇艏球形阵列），与环绕艇艏的BQR-7线型接收阵列。

虽然新潜艇改回使用球形艇艏声呐阵列，但这套海军水下系统中心研发的新型球型阵列与先前美国潜艇使用的BQS-6、BQS-13等球形声呐阵列相比，技术上还是有所突破。它改用发射阵列与接收阵列分离的设计，而非BQS-6、BQS-13的主/被动合一形式，从而可让被动阵列拥有更大的尺寸。阵列直径从15尺增加到24尺，可获得更高的增益，显著改善了低频接收效果，除此之外，接收阵列单元也不再需要通过高功率脉冲拍发信号，得以提高灵敏度。

这套声呐系统将与BSY-2战斗系统整合。BSY-2是由1980年启动的"潜艇先进战斗系统"（Submarine Advanced Combat System，SUBACS）计划发展而来，改良型"洛杉矶"级预定配备"潜艇先进战斗系统"的第一阶段版本BSY-1，而新一代攻击潜艇则配备第二阶段发展版本BSY-2。

当新潜艇采用艇艏球形声呐后，8具鱼雷管也从最初的艇艏位置往后挪到艇艏后方两侧，恢复到"洛杉矶"级以前潜艇的斜角式鱼雷管设计。

为了提高火力，美国海军曾考虑在新型攻击潜艇上采用全自动的鱼雷室，以提高鱼雷发射速率，但在后续的设计检讨中最终放弃了这个构想，改回传统的人力控制及动力辅助装填。

除了调整艇艏声呐与鱼雷管布置外，新潜艇的围壳与尾舵设计（类似苏联的流线形指挥塔围壳构型），最终遭到放弃，改回传统的美国式围壳，只在围壳前端根部设置小型的楔形填角（wedge）构造，作为减阻、降噪之用。

在艇艉方面，特殊的Y字形尾舵也被放弃，改回传统的十字形艉舵，在艇艉两侧下方增设两片倒V字形的鳍（dihedral fins），可提高艇体的稳定性，降低高速回转时出现瞬间突发性横滚，从而失去深度的概率[1]。

新潜艇保留了原本的两种拖曳阵列声呐配置，分别通过左、右两面鳍末梢的施放口来释放，包括较长的细线型阵列TB-29，以及较短的粗线型阵列TB-16E。

为了确保获得较高的战术速度，泵喷射推进器最终被保留下来。

经过取舍后，最后定案的新潜艇构型相较于最初的设计也保守许多。而比起"探戈"小组设定的7个方向性能特性指标，新潜艇的设计只在其中3个方向达标（北极活动能力、辐射噪声与声呐效能），在操作深度与鱼雷管数量方面低于"探戈"小组设定的最低目标。

尽管未能完全达到最初设定的性能指标，新潜艇的平台性能（最大航速、战术航速、潜深、静音性、武器携载量）仍远优于上一代的"洛杉矶"级，排水量也增大了1/3，因而美国海军将这项新型潜艇计划命名为"21世纪核攻击潜艇"，以彰显这是一种面向"21世纪"的全新世代攻击潜艇。

---

[1] 部分"洛杉矶"级改良型也跟进采用这种设计，在原本的十字形尾舵外，增设额外两片两面鳍）。

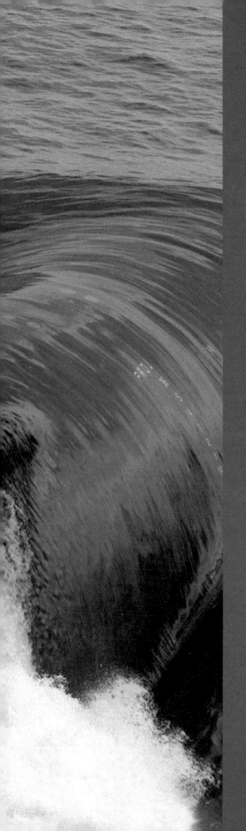

3

冷战时代的潜艇技术高峰——"海狼"级的发展

自1972年起的10年间,美国海军在"洛杉矶"级后继潜艇的发展路线选择上,经历了数次争论,却始终没有具体成果。一直到了里根政府上台后,才在苏联潜艇威胁增长的压力下,以及新任海军部长莱曼提倡攻势性的"海上战略"影响下,于1983年正式展开全新一代的"21世纪核攻击潜艇"计划。

适逢其时的"21世纪核攻击潜艇"计划

尽管美国海军蹉跎了10年时间才确认新一代攻击潜艇的发展方向,不过就外在形势来看,"21世纪核攻击潜艇"计划问世的时机,可说是适逢其时。在"21世纪核攻击潜艇"开始设计的1983—1984年间,苏联也推出了新一代的攻击潜艇,先是在1983年下水了"塞拉"级潜艇(945型),接着又在1984年下水了"阿库拉"级(971型)潜艇。先前在1979年服役的"维克托"Ⅲ型潜艇,就已让西方

"海狼"级攻击核潜艇

国家海军感受到苏联潜艇静音性能的大幅进步，而"塞拉"级与"阿库拉"级这两种新潜艇，比"维克托"Ⅲ型更安静。

如果把"维克托"Ⅰ型（Victor Ⅰ）与"维克托"Ⅱ型（Victor Ⅱ）潜艇（671与671RT），看作是苏联的第2代核攻击潜艇，那么"塞拉"级与"阿库拉"级便是第3代，至于"维克托"Ⅲ型则是两者间的过渡，预示了苏联更先进的第3代潜艇即将到来。

而"21世纪核攻击潜艇"计划的启动，正好对应了这些苏联新潜艇的问世，成为克服这些新威胁的解决方案。

对于美国海军来说，"洛杉矶"级的引进，可以视为对应苏联导入第2代核攻击潜艇（如"维克托"与"阿尔法"级）的世代更新。而"21世纪核攻击潜艇"则对应了苏联第3代核攻击潜艇（即"塞拉"级与"阿库拉"级），正好让美国海军核攻击潜艇的更新保持与苏联同步。

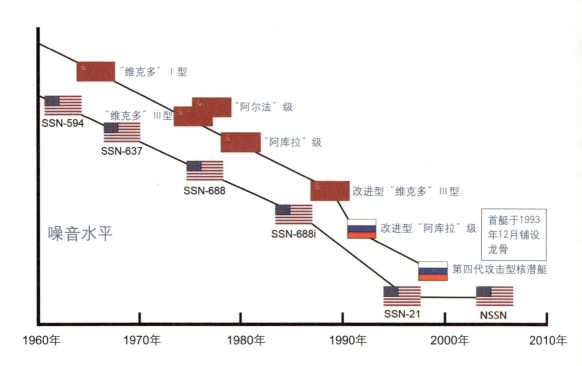

回应苏联潜艇的挑战

在"21世纪核攻击潜艇"计划展开时,情况显示,"洛杉矶"级仍然比苏联潜艇更安静,但显然,美国的水下声学优势正在逐渐消失。

苏联潜艇静音性能的突破性进步,可以追溯到20世纪70年代以来的一连串发展。通过沃克(Walker)间谍网的情报,苏联认识到西方海军能够利用水下监听系统(SOSUS),轻易地侦测与追踪苏联水下舰队,因而促使苏联设法降低潜艇的噪声。苏联也了解西方海军通过窄频带(narrow band)信号分析技术的应用,在水下被动侦测能力上取得巨大的进展。苏联不仅跟进部署了自身的窄频带分析侦测系统,同时也为潜艇采取可以对抗这类侦测技术的降噪手段。

"维克托"Ⅲ型便是苏联这一系列降噪努力的首个成果,设法在原有艇壳内引进用于安置动力装置的浮筏基座。而新一代的"塞拉"级与"阿库拉"级,则一开始就是以完全浮筏基座化为基础的设计。这两型潜艇有较为粗壮的艇壳,也有更多的空间冗余,可以容纳静音型动力装置与更多额外的降噪措施。苏联还制造了用于这些新潜艇的静音型螺旋桨推进器。

美国海军曾自我安慰地认为,无论苏联潜艇的平台性能如何进步,苏联粗劣落后的电子技术将会极大地制约苏联潜艇的作战能力,特别是战斗系统的性能会受到很大的限制。但不幸的是,通过有效的工业间谍手段,苏联潜艇也配备了仿自西方的现代化数位式战斗系统[1]。

对页图:奋起直追的苏联潜艇。

由于保密之故,美国海军在国会听证等场合中,通常是以这张宽带静音性(broadband quieting)对比图,来简要说明美、苏各级潜艇静音性发展趋势。

从图中可以看出。直到1990年以前,美国攻击潜艇的静音性发展曲线,与苏联攻击潜艇静音性发展曲线,大致为相互平行,美国始终维持一定程度的领先。在图中,"维克托"Ⅲ型的静音性,一开始是与"阿尔法"级大致同等,远逊于美国的"洛杉矶"级(SSN 688级)。

不过到了1990年,美苏之间的静音性差距出现了急遽的缩小,改良的"维克托"Ⅲ型与"阿库拉"级,静音性都超过了"洛杉矶"级,"阿库拉"级甚至还略优于改良型"洛杉矶"级(SSN 688i),苏联潜艇达到这个等级静音性能的时间,比美国海军原本的预计早了8~10年。

于是全新发展的"21世纪核攻击潜艇"计划,便被美国海军视为重新夺回静音性优势的关键手段,不仅可以取得相对于苏联第3代核攻击潜艇的静音优势,也能胜过预期将在1993年问世的苏连第4代核攻击潜艇。

---

[1] 美国海军专家弗里德曼举例指出,"维克托"三级潜艇在20世纪90年代换装的数位汇流排(data bus)式战斗系统,所使用的软件,便是窃取自挪威为其"乌拉"级(Ula class)柴电潜艇发展的MSI-90U战斗系统。而"维克托"三型所配备的声呐系统,技术来源也参照了美国、英国与法国的声呐,如美国的BQQ-2艇艏声呐与TB-16拖曳阵列,英国的Type 186/2007声呐,与法国的DUUX-2/5被动测距仪、DUUG-2/2019声呐截收接收器等。不过弗里曼也认为,苏联仿造的系统,性能应该赶不上西方原版系统,如苏联的汇流排技术,便明显不及挪威MSI-90U系统的布多斯(Budos)汇流排。

就20世纪80年代初期来说，仅仅依靠"洛杉矶"级的改良，已不足以继续维持美国海军的水下优势。这也意味着，"21世纪核攻击潜艇"计划是美国海军重夺潜艇静音性能优势、确保压制未来苏联潜艇威胁的关键环节。

尽管"21世纪核攻击潜艇"采用了许多美国核潜艇上首见的新技术，但仍遭到许多人的批评，认为新潜艇的设计过于保守，若能大胆引进新技术，将能带来更多好处。确实，比起初期构想，"21世纪核攻击潜艇"的实际设计要保守许多，舍弃了一些先进设计概念，以致显得不那样创新。

海军潜艇群体中的部分人士也赞同这种观点，认为苏联的潜艇设计者要比美国更富有创新精神。

这些赞扬苏联新潜艇的言论带来了负面作用，这些言论给外界造成美国潜艇技术已落后于苏联的印象。某些批评者甚至质

3 冷战时代的潜艇技术高峰——"海狼"级的发展　063

对页图与本页图：由上而下分别为早期型的"维克托"Ⅲ级、早期"塞拉"级，与"阿库拉"级潜艇的螺旋桨推进器对比。"维克托"Ⅲ级早期使用两组4叶式螺旋桨，"塞拉"级服役之初则采用6叶式螺旋桨，而"阿库拉"级则已改用静音型的7叶式大侧斜螺旋桨的配置，由此也反映出苏联潜艇静音技术的进步，后来"维克托"Ⅲ级与"塞拉"级也陆续换装了7叶式大侧斜螺旋桨。依照美国海军的估计，初期服役的"阿库拉"级潜艇，静音性能仍稍逊于"洛杉矶"级，但俄罗斯时代服役的改良型"阿库拉"级，静音性能甚至还略优于改良型"洛杉矶"级。

疑"21世纪核攻击潜艇"等新潜艇能否应付苏联的新型潜艇。他们认为，美国的新潜艇只能应付20世纪90年代的威胁。

今日来看，"塞拉"级与"阿库拉"级等新型苏联潜艇确实很优秀，但美国的"21世纪核攻击潜艇"足以应付苏联的新潜艇。在冷战时期是对苏联新潜艇威胁的最有效回击。

美国海军新战略的理想执行者

除了基于对抗苏联新潜艇威胁的需求外，对于海军部长莱曼提倡的攻势性"海上战略"来说，"21世纪核攻击潜艇"同样也是不可或缺的一项新装备。

为了将苏联核攻击潜艇束缚在堡垒区域，美国海军必须派遣攻击潜艇主动侵入苏联堡垒海域，攻击苏联弹道导弹潜艇目标，进而吸引与牵制苏联的核攻击潜艇。对于这样的作战"热点"（hot datum），苏联必然也会投入大量反潜兵力来防御入侵者。因此美国潜艇必须具备安静、高速的航行能力，才能安全地进入与脱离苏联堡垒区域。

对于侵入苏联堡垒区域的潜艇来说，穿越苏联堡垒区域的反潜阻栅时是最为危险的时刻。因此执行这项任务的潜艇最好尽可能长时间地留在堡垒区域，减少脱离任务重新补给的频率。而潜艇能停留在堡垒区域的时间与潜艇携带的鱼雷数量成正比，携载的鱼雷越多，需要重新补给的次数便越少。

而"21世纪核攻击潜艇"的设计特性，特别符合潜入苏联堡垒区域的需求。

（1）"21世纪核攻击潜艇"拥有两倍于"洛杉矶"级的静音战术航速，有助于"21世纪核攻击潜艇"安全地侵入与脱离苏联堡垒区域。

（2）"21世纪核攻击潜艇"的鱼雷携载量也是"洛杉矶"级的两倍，因而可在苏联堡垒海域中滞留更长的时间，而无需重新补给。后期型"洛杉矶"级虽然通过增设垂直发射管，而大幅增加了武器携载量，但垂直发射管只能携带"战斧"导弹,而无法发射鱼雷。

(3)"海长矛"反潜导弹也为"21世纪核攻击潜艇"提供了极具价值的补充能力。"海长矛"反潜导弹是20世纪60年代开始服役的"潜射反潜火箭"(SUBmarine ROCket,SUBROC)后继者,目的是为美国海军攻击潜艇提供新一代远程反潜武器。对于"21世纪核攻击潜艇"来说,"海长矛"反潜导弹可作为克制苏联潜艇的杀手锏。

苏联的新型潜艇只能在低速时维持静音,如果苏联潜艇以战斗速度航行,噪声也将随之增大,容易遭到美国潜艇的侦测、追踪与攻击。如果苏联潜艇试图以主动声呐确定潜伏的美国潜艇位置,那么也可能暴露自身位置。

下图:"21世纪核攻击潜艇"的设计需求与性能特性(包括大幅提高的静音战术航速以及提高2倍的鱼雷携载量)符合海军部长莱曼"海上战略"的攻势性目标,可扮演穿透苏联堡垒区域,猎杀躲藏于其中的苏联弹道导弹潜艇角色,进而将苏联的核攻击潜艇与反潜兵力牵制在保护堡垒区域上。图为画家笔下的"21世纪核攻击潜艇""海狼"级潜艇想像图。

一般来说,由于苏联无法确认潜伏在堡垒区域中的美国潜艇位置,因此苏联必须限制自身潜艇只能以低速航行,以免遭到潜伏的入侵者发现。这样一来,苏联潜艇的巡逻时间与巡逻范围会大幅缩小。

但如果美国潜艇只有鱼雷这种射程相对较短的反潜武器可用,那么苏联潜艇指挥官也可能冒着风险,尝试截击入侵的美国潜艇,即使遭到美国潜艇以鱼雷攻击,也有机会凭借高速,逃逸出鱼雷的有效攻击距离。

所以对于在堡垒区域活动的美国潜艇来说,远程反潜武器不可或缺。堡垒海域相当大,足以发挥远程反潜武器的射程。如果反潜导弹拥有远达1或2个汇声区(convergence zone)的射程,那么只需1艘潜艇,就足以封锁整个堡垒区域的出入口。

上一代的"潜射反潜火箭"射程只能达到第1汇声区,并且只有核弹头版本。作为后继者的"海长矛"反潜导弹,射程则可达到2个汇声区。它虽然是以配备核弹头为基准,但后来纳入传统弹头版本,应用范围更大。

而"21世纪核攻击潜艇"与"海长矛"反潜导弹的结合,可以说是如虎添翼,"21世纪核攻击潜艇"凭借宽孔径阵列与拖曳阵列声呐提供的强大被动侦测能力,以完全被动的方式,侦测、追踪与标定远距离外的苏联水下目标,然后以"海长矛"反潜导弹发动攻击,在苏联潜艇无法发现与反击的远距离外,便摧毁目标。

正因为"21世纪核攻击潜艇"如此符合莱曼"海上战略"所期望的攻势性任务需求,即便价格再昂贵,莱曼也支持发展与建造这种新型潜艇。

"21世纪核攻击潜艇"的开发与设计

美国海军初步设定了采购30艘"21世纪核攻击潜艇"的目

3 冷战时代的潜艇技术高峰——"海狼"级的发展　　067

对页图：与"21世纪核攻击潜艇"计划同时进行的"海长矛"反潜导弹计划，可为"21世纪核攻击潜艇"承担入侵苏联堡垒区域任务提供有效的加成效益。"21世纪核攻击潜艇"可凭借强大的被动声呐侦测能力，以及长射程的"海长矛"反潜导弹，封锁苏联的堡垒海域。图为"海长矛"反潜导弹效果图。

标[1]，并预计于1989年向国会要求首艇的预算，随后在1991财年再采购2艘，首艇开工时间暂定于1989年11月。

在"21世纪核攻击潜艇"计划启动的1983年，美国只有电船公司与纽波特纽斯两家船厂。两家船厂各有优势，共同承包了"洛杉矶"级潜艇的建造工作。纽波特纽斯船厂还承担了"洛杉矶"级的细部设计，但表现不尽理想。电船公司则是美国潜艇设计经验最丰富的厂商之一，也是"俄亥俄"级弹道导

---

[1] 关于"21世纪核攻击潜艇"的原始预设采购数量，目前有两种记载。弗里德曼的《1945年后美国海军潜艇》（*U.S. Submarines Since 1945*）（2018年修订版），以及《简氏水下作战系统年鉴》都记载为30艘，波尔玛的《冷战时期的潜艇》记载为29艘。

弹潜艇的设计与建造承包厂商，但是在攻击潜艇设计方面，电船公司已有20年时间的空白。

美国海军希望维持两家船厂的设计经验，在1983年12月将"21世纪核攻击潜艇"的预备设计合约授予电船公司与纽波特纽斯船厂。美国海军还决定采用联合设计团队（Joint Design Team）的新体制，以求能得到一种兼距两者之长的预备设计案，然后在接下来的细部设计阶段，再通过竞标方式决定承包厂商。

首见的联合设计架构

在开始"21世纪核攻击潜艇"预备设计的同时，美国海军也选定了贝蒂斯实验室（Bettis Atomic Power Laboratory）与电船公司一同设计"21世纪核攻击潜艇"的动力单元。贝蒂斯实验室负责核反应堆开发，电船公司则负责与核反应堆配套的推进系统设计（包括建造1座推进单元设施的全尺寸模型）。"21世纪核攻击潜艇"的战斗系统暂定为"潜艇先进战斗系统"计划中发展的B阶段系统。

1986年，随着"21世纪核攻击潜艇"预备设计进入尾声，纽波特纽斯船厂与电船公司也对后续的细部设计阶段展开了激烈竞争。电船公司的优势，在于他们已经开始着手"21世纪核攻击潜艇"的动力单元设计；但纽波特纽斯船厂也为投标提案组织了一支优秀的团队，并针对海军提出的优先项目，做好了改进预备设计的准备。就在此时，一个意外事件影响了竞标结果——电船公司的制图员发动了罢工，妨碍了电船公司提交竞标提案，于是纽波特纽斯船厂赢得了"21世纪核攻击潜艇"细部设计合约。

尽管如此，但考虑到电船公司已经在进行"21世纪核攻击潜艇"动力单元的设计，于是纽波特纽斯船厂便让电船公司成为自身的次承包商，负责包含动力单元在内的后段艇体细部设计。

冷战时代的潜艇技术高峰——"海狼"级的发展　069

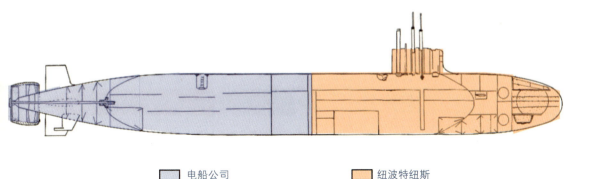

☐ 电船公司　　　　　　　☐ 纽波特纽斯

"21世纪核攻击潜艇"的设计成为美国海军潜艇发展历史中首见的联合设计案例。预备设计阶段是由海上系统司令部领导电船公司与纽波特纽斯船厂组成联合设计团队共同进行。细部设计阶段是采用竞标程序，并由纽波特纽斯船厂赢得合约，但纽波特纽斯船厂将后段艇体设计工作转包给电船公司执行，因而也属于联合设计架构。

"21世纪核攻击潜艇"的细部设计被分为10个部分，分别由两家船厂负责。纽波特纽斯船厂担任主承包商，获得3.03亿美元资金，负责艇体前段设计以及潜艇整体的整合。电船公司则担任次承包商，获得4800万美元资金，负责核反应堆舱段之后的艇体后段的设计，以及主机舱中的非推进系统部分。

至细部设计完成后，进入实际建造阶段时，美国海军将恢复竞标程序，由纽波特纽斯船厂与电船公司竞争"21世纪核攻击潜艇"的建造合约。

上图："21世纪核攻击潜艇"计划的联合设计分工。美国海军在"21世纪核攻击潜艇"计划中，采取了两家船厂联合进行细部设计的体制，两家船厂的分工大致以核反应堆舱为界，核反应堆舱之前的前段艇体由纽波特纽斯船厂负责设计，核反应堆舱之后的后段艇体由电船公司负责。

一波三折的设计过程——联合设计的副作用

"21世纪核攻击潜艇"的细部设计开始于1987年1月，美国海军先与两家船厂签订过渡性合约，随后签订了为期8年、成本附加奖励形式的设计合约。预计在1989年底，与其中1家船厂签订"21世纪核攻击潜艇"首艇建造合约，但细部设计工作将一直持续到20世纪90年代中期。

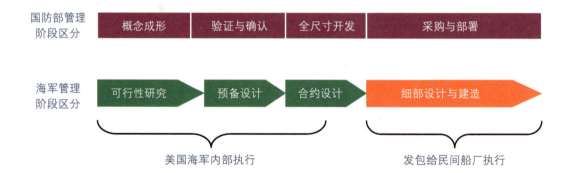

上图：典型的美国海军舰艇发展程序

与此同时，海上系统司令部也建造了1艘1/4比例的大尺寸自航模型（Large Scale Vehicle），称作"科卡尼"号（Kokanee LSV-I）。它于1987年11月交付，并由海上系统司令部的声讯研究分部（Acoustic Research Detachment, ASD）负责操作，在爱达荷州的庞多雷湖（Lake Pend Oreille）进行测试，用于研究与检测艇壳流体动力外形，与推进系统的相互影响，以及流体噪声等。

美国海军希望在1988年5月完成初步的细部设计工作，然后让两家船厂开始竞标首艇建造合约，目标是在1989年11月的"21世纪核攻击潜艇"首艇预定开工日程之前，能完成70%～80%的细部设计作业。然而由于两家船厂合作欠佳，这个目标无法达成了。

欠缺协调的联合设计作业

美国海军之所以在"21世纪核攻击潜艇"计划采用联合设计程序、同意将细部设计工作拆分给两家船厂承担的做法，根本目的是希望尽可能维持两家船厂的设计能力，但却弄巧成拙，引发了无数麻烦。

原则上，联合开发架构可以结合纽波特纽斯船厂与电船公司两家船厂的优点，充分利用两家船厂的设计经验与人力。问题在于，两家船厂有着不同的设计、建造方法与程序，以致设计工作协调困难。

9 冷战时代的潜艇技术高峰——"海狼"级的发展

在设计方面,电船公司使用了计算机辅助设计与传统手工制图,而纽波特纽斯船厂则已全面转换到计算机辅助设计。但是两家船厂的计算机辅助设计系统并不相容。在建造方面,两家船厂对于零件编号有着不同的方式,基本的建造程序细节(从潜艇内部的缆线布线方式、通风通道的建造方式,到管线支架与电气连接规格等)也互不相同。

雪上加霜的是,考虑到日后在建造合约上的竞争,两家船厂将设计资料视为自身营业机密,而不愿与对方共享。

美国海军没预料到问题会如此严重,最终只得充当两家船厂之间的协调者,包括介入高层决策,以解决围绕在细部设计上的问题。但这也造成"21世纪核攻击潜艇"的细部设计效率低下。到了1988年年中,两家船厂准备竞标"21世纪核攻击潜

下图:海上系统司令部的声讯研究分部负责操作的"科卡尼"号无人潜艇,这是"21世纪核攻击潜艇"的1/4缩尺自航模型,长90尺,排水量150吨,利用蓄电池与1台3000马力电动马达作为推进动力来源,用于研究"21世纪核攻击潜艇"的艇壳设计与推进系统的相互影响以及艇壳流体噪声等问题。

上图与对页图：美国海军在"21世纪核攻击潜艇"计划的细部设计中，采用了联合设计方式，由纽波特纽斯船厂与电船公司共同分担"21世纪核攻击潜艇"的设计工作，希望结合两者之长，并维持两家船厂的设计能力。但这种做法弄巧成拙，由于两家船厂间协调不佳，反而造成进度拖延与成本攀升。下图与对页图分别为电船公司与纽波特纽斯船厂鸟瞰照片。

艇"首艇建造合约时，"21世纪核攻击潜艇"的细部设计作业只完成了5%，远远落后于原先设定的进度。

次系统设计的更动

除了细部设计工作延迟外，"21世纪核攻击潜艇"在其他方面也遭遇许多问题，其中影响最大的是战斗系统的开发计划重组，以及艇壳材料的更动。战斗系统的设计问题尤为严重，一直到"21世纪核攻击潜艇"服役阶段，都没有彻底解决。

艇壳材料的更动

"21世纪核攻击潜艇"原定采用HY-130高强度低合金钢建造，然而实际情况显示，美国海军虽然早从20世纪60年代便开始研究将HY-130高强度低合金钢应用于潜艇，但是直到80年代中期，仍无法让这种新型钢材赶上"21世纪核攻击潜艇"首艇的建造时程。

美国海军只能退而求其次。规格稍低一些的HY-100高强度低合金钢已经在2艘"洛杉矶"级潜艇——"迈阿密"号（USS Miami SSN 755）与"斯克兰顿"号（USS Scranton SSN 756）通过插入艇段进行了测试，于是美国海军决定让"21世纪核攻击潜艇"也改用HY-100高强度低合金钢建造，代价则是潜深性能的减损[1]。即使改用了规格较低的HY-100高强度低合金钢，"21世纪核攻击潜艇"首艇建造时，仍在焊接工艺方面出了许多问题。

---

[1] 据波尔玛的《冷战时期的潜艇》记载，美国海军并未完全放弃在"21世纪核攻击潜艇"上采用HY-130高强度低合金钢，准备将1992财年计划的第4艘改以HY-130高强度低合金钢建造。

现代潜艇战斗系统开发经典案例——"潜艇先进战斗系统"的得与失

"21世纪核攻击潜艇"预定配备的"潜艇先进战斗系统"B阶段系统,源自1980年4月17日启动的"潜艇先进战斗系统"计划。

"潜艇先进战斗系统"是一项野心勃勃的潜艇战斗系统开发计划,被视为在苏联新型潜艇威胁下,美国海军确保水下优势的关键环节。在现代潜艇战斗系统发展历史上,"潜艇先进战斗系统"计划扮演了开创性的角色。

战斗系统是现代潜艇的大脑,负责分析声呐等感测器获得的目标与环境资讯,形成战术态势图像,从中评估威胁,并形成攻击方案。

从20世纪60年代的Mk 113火控系统起,美国海军的潜艇作战进入数字化处理时代,开始使用数字化计算机来处理声呐追踪与武器火控,这时候仍是数字-模拟混合架构。在20世纪70年代末期,Mk 117火控系统全面数字化。1980年,在以Mk 117为基础扩展而成的CCS Mk 1战斗系统中,将数字化能力延伸到战术功能处理领域。

早期的典型潜艇战斗系统都是采用"集中运算"与"专用控制台"架构,由少数几部计算机主机构成中央处理单元,集中负责所有声呐资料处理与武器火控计算工作,搭配不同用途的专用控制台(含声呐控制台、分析仪、武器控制台、指挥台等),分别负责不同的声呐操作与武器火控作业。这样的架构存在冗余性低、扩展不易等缺点,如果某一部主机发生故障,就会大幅减损整个系统的能力,而不同主机与控制台之间也不具备相互替换和支援的能力。

而"潜艇先进战斗系统"则提出了"全分散式(Distributed)运算架构",以及"声呐与火控系统完全整合"的新概念。在分散式架构下,"潜艇先进战斗系统"将运算工作分散到

3 冷战时代的潜艇技术高峰——"海狼"级的发展

数百颗微处理器构成的大规模运算集群（cluster）来承担，并通过多用途的通用控制台，整合了声呐与武器系统控制，任一控制台都可用于声呐操作或武器控制，控制台之间也可相互支援。

而这样的崭新架构，赋予了"潜艇先进战斗系统"极为灵活的操作配置能力。运算集群的微处理器与通用控制台之间可互相交换工作，并互为备份，这可以避免单一元件失效导致系统停摆。

在"潜艇先进战斗系统"的标准组态下，1艘潜艇将配备11座多用途控制台，但平时只使用其中4座控制台，其余则作为后备控制台。当线上的控制台出问题时，可用后备控制台替换。运算工作由分散在控制台与各次系统内、200颗以上的摩托罗拉68000系列处理器集群共同承担，另搭配1部用于保存战术图像的UYK-43计算机。

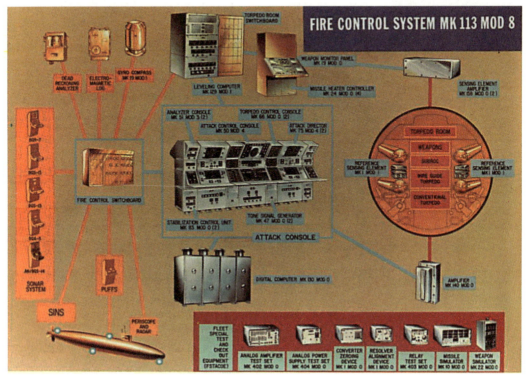

下图：自20世纪60年代的Mk 113火控系统起，美国海军的潜艇战斗系统进入了数位计算机处理时代，上图中的Mk 113 Mod.8代表了这时期典型的潜艇战斗系统架构，由Mk 130计算机负责处理所有声呐资料处理与火控计算，搭配了4种不同用途的武器控制台与1套武器控制面板。

上图：反传统潜艇战斗系统的集中运算架构，通过不同的专用控制台来操作声呐与武器系统。"潜艇先进战斗系统"计划提出了分散运算架构，以及整合声呐与武器系统控制的目标。

要实现分散式的资料运算处理架构，关键在于必须解决运算集群的大量运算单元之间庞大的信息传输需求，为此"潜艇先进战斗系统"引进光纤资料汇流排，将前端的声呐系统以及后端的运算与控制单元连接起来，确保提供处理声呐、战术与火控资料传输的能力[1]。

"潜艇先进战斗系统"的软件则具备融合不同声呐资料的能力，以及"目标动态分析"功能，可将不同声呐的追踪资料整合成单一的战术图像，操作员可切换不同声呐来追踪同一目标，以获得最佳的目标定位效果。"潜艇先进战斗系统"的目标追踪数量是"洛杉矶"级Mk 117火控系统的10倍以上，并能搭配艇艏被动/主动声呐、艇侧宽孔径阵列声呐，以及拖曳阵

---

[1] "潜艇先进战斗系统"的光纤汇流排，适用于机箱与机柜之间的资料传输，至于机柜内部的资料传输，则仍是基于传统的铜缆线路。

列声呐等新型水下感测器。

国际商业机器公司（IBM）于1983年3月获得"潜艇先进战斗系统"的开发合约。美国海军要求IBM进行6个月的初步研究，依据这份研究结果，美国海军决定分阶段部署"潜艇先进战斗系统"，逐步扩展系统功能，以便分散风险。这3个阶段分别为："潜艇先进战斗系统"基础阶段，"潜艇先进战斗系统"A阶段与"潜艇先进战斗系统"B阶段。

- ◆ "潜艇先进战斗系统"基础阶段，重点放在改进声呐与战斗系统能力，并通过基于光纤的分散式资料汇流排，来提供声呐与战斗系统资料的传输处理。针对声呐能力的改进，将整合一系列新型声呐感测器，包括潜艇主动侦测系统（Submarine Active Detection System，SADS）数位发射机、水雷/冰侦测与回避系统（Mine and Ice Detection And Avoidance System，MIDAS），以及细线型拖曳阵列声呐。在战斗系统方面，则预定采用改良型武器控制台，以提供更高的垂直发射系统发射速度，并将引进新型通用声呐显示器，以取代旧型声呐控制台。"潜艇先进战斗系统"基础阶段系统预定安装于1983—1985财年计划中的9艘"洛杉矶"级，并于1987年交付系统，自"圣胡安"号潜艇（USS San Juan SSN 751）开始配备。

- ◆ "潜艇先进战斗系统"A阶段，重点放在整合声呐与战斗系统控制，并大幅提高信号处理能力，为此将引进新的通用型声呐与武器控制台，搭配升级的软件，以同时兼用于声呐与战斗系统操作。另外还通过增设UYS-1信号处理器，来改善被动追踪能力。"潜艇先进战斗系统"A阶段系统预定应用于编列在1986—1988财年计划中的11艘"洛杉矶"级，预计于1989年开始交付系统。

- ◆ "潜艇先进战斗系统"B阶段，预定将为整合战斗系统引进改进的声呐技术,包括导入运算能力更高的UYS-2信号处理器,来减少被动追踪计算时间,并配备整合宽孔径阵列以及性能更好的电子支援系统(ESM)(WLQ-4 Sea Nymph信号情报侦察系统的衍生型),与1套整合通信系统。"潜艇先进战斗系统"B阶段预定配备于1989财年计划以后的"洛杉矶"级(最后3艘),并提议用于"21世纪核攻击潜艇"的版本。

海军部长莱曼在1983年10月批准了"潜艇先进战斗系统"的发展计划,于是美国海军随即在1983年12月与IBM签订7.72亿美元的"潜艇先进战斗系统"基础阶段系统开发合约,含5套量产型系统以及1套工程开发模型。美国海军预估整个"潜艇先进战斗系统"计划的开发测试与评估费用为13亿美元,总采购费用为38亿美元,寿期总成本为145亿美元。

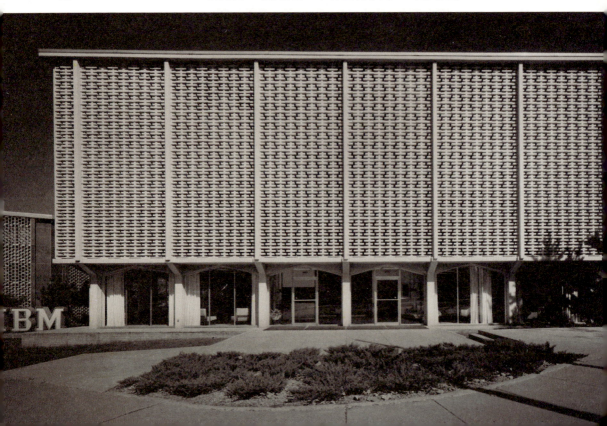

下图:IBM公司承包了"潜艇先进战斗系统"第一阶段发展工作,但表现不佳,不仅时程拖延,经费也大幅超支。照片为老的IBM总部大楼。

"潜艇先进战斗系统"计划的失控

"潜艇先进战斗系统"计划提出的"全分散式架构""完全整合声呐与火控系统"等概念,奠定了日后潜艇战斗系统的标准框架,但是以当时的技术要开发这样一套系统难度实在太高。该系统一开始就遭遇了技术、成本与管理方面的一系列问题。

在成本方面,早在1983年4月,海军资材司令部(Naval Material Command)的审计便显示,"潜艇先进战斗系统"基础阶段系统的成本将达到7.62亿美元,比海军最初的估计高出1.05亿美元。到了1983年12月,当海军与IBM公司协商"潜艇先进战斗系统"基础阶段系统合约时,费用比审计估算的高出1000万美元。

在1984年3月的第1次"潜艇先进战斗系统"基础阶段系统成本效率报告中,IBM估计开发成本又增加了380万美元。为了消化这些增加的成本,美国海军不得不在1984年6月决定推迟"潜艇先进战斗系统"计划中几个部分的开发时程。但不到半年,1984年11月又发现了更严重的成本问题,"潜艇先进战斗系统"计划管理办公室的内部审计显示,由于开发经费超支,应对新增需求与计划扩展的需要,必须在1985财年的5年国防计划中,为"潜艇先进战斗系统"计划追加8.53亿美元的研发与测试评估经费。这样也迫使美国海军重组该计划。

IBM在1985年6月提交的成本效率报告中,表示由于增加了软件与系统发展需求,额外的测试与整合工作,以及次承包商方面的问题,要完成"潜艇先进战斗系统"基础阶段系统全尺寸开发会超支1.46亿美元。此时海军预估的"潜艇先进战斗系统"寿期总成本也提高到150亿美元,比最初计划高出5亿美元。

"潜艇先进战斗系统"基础阶段系统在光纤汇流排设计与分散式处理系统的软件开发方面,都遇上难以克服的困难。

IBM在1984年12月进行的光纤汇流排预备测试显示，光纤汇流排的传输速率只有预期的1/6，远远无法满足即时接收声呐资料、应对战术作战处理的需求。IBM认为这是糟糕的网络作业系统设计导致。1985年2月海军水下系统中心认为光纤汇流排存在严重问题，将妨碍"潜艇先进战斗系统"的测试与整合计划。

"潜艇先进战斗系统"基础阶段系统的软件同样面临过于复杂的问题。软件不仅规模庞大（包含了超过400万行、由11种不同程序语言编写的程序码），而且还需搭配由200组处理器构成的分散式系统运作，这样大型的分散式系统软件开发在当时是史无前例的工程，时间延迟也是在所难免。IBM在1985年3月知会海军，由于需要更多时间测试、整合与修改，"潜艇先进战斗系统"基础阶段系统的6套软件交付时间将会延迟2个月到2年。

重组"潜艇先进战斗系统"计划

为了应对"潜艇先进战斗系统"计划的成本、时程与技术问题，美国海军在1984年8月—1985年3月间，接连3次重组了"潜艇先进战斗系统"计划。

第1次重组计划开始于1984年8月，1984年10月获准，主要是解决IBM次承包商的陶瓷模组设计与生产问题（陶瓷模组是声呐阵列换能器主要材料），导致"潜艇先进战斗系统"基础阶段系统的硬体交付与整合测试延迟。

第2次重组计划于1984年12月展开，一开始是为了应对陶瓷模组生产与供货的持续延误问题。到了1985年1月时，又纳入了光纤汇流排的相关问题，最后缩小光纤汇流排的适用范围。原本光纤汇流排是同时应用于声呐的声讯资料以及战斗控制系统（武器火控）的资料传输，而在第2次重组计划中，美国海军决定将战斗控制系统资料传输从光纤汇流排剔出。"潜艇先进战斗系统"基础阶段系统的部分功能完成时间，从1987年5月推

3 冷战时代的潜艇技术高峰——"海狼"级的发展

迟到1988年9月。同时,"潜艇先进战斗系统"A阶段系统的部署时间,也从1986财年计划中的"洛杉矶"级潜艇延后到1989财年的"洛杉矶"级潜艇。

海军部长莱曼在1985年3月发出指示,将海军的采购经费限制在1985财年5年国防计划中的水准。这意味着海军无法为"潜艇先进战斗系统"计划追加太多经费。受限于预算不足,美国海军无法实施完整的第2次重组计划。

于是美国海军便紧接着在1985年3月启动了第3次重组计划,并对"潜艇先进战斗系统"计划做出了重大修改,彻底删除了问题不断的光纤汇流排和以光纤汇流排为基础的分散式处理架构,改回基于海军标准计算机(UYK-7、UYK-43等)

下图:1985年3月的第3次重组计划,删除了"潜艇先进战斗系统"计划原定采用的光纤汇流排与分散式运算处理架构,改为基于海军标准计算机的处理架构。上图为当时美国海军的标准计算机,包括UYK-7与UYK-43两种大型机,以及UYK-20小型机。

右图：在1985年的第3次重组计划中，美国海军取消了"潜艇先进战斗系统"计划中原定采用的光纤汇流排等高技术风险元件，改以现有标准元件替代。照片为正在检修火控系统的美国海军潜艇水兵。

的处理架构，同时系统软件也将基于新的硬件架构重新设计与测试。这样的设计调整也将导致"潜艇先进战斗系统"的性能规格大幅降低。

而随着"潜艇先进战斗系统"基础阶段系统的重新设计，"潜艇先进战斗系统"A阶段与"潜艇先进战斗系统"B阶段的部署时间也跟着推迟到1989年之后。

由于第3次重组计划大幅变更了"潜艇先进战斗系统"的设计，并降低了性能规格，所以美国海军也调整了"潜艇先进战斗系统"的三阶段发展策略，将其改为两个独立计划。删除了光纤汇流排的"潜艇先进战斗系统"基础阶段系统将安装到

1983—1988财年计划中授权的"洛杉矶"级潜艇上；后续的"潜艇先进战斗系统"A阶段系统与"潜艇先进战斗系统"B阶段系统，则整合为一项新的1989财年战斗系统计划（FY 89 Combat System Program），预定配备于1989财年以后的攻击潜艇上（其中也包括了"21世纪核攻击潜艇"）。

也就是说，美国海军将原本分为三阶段的"潜艇先进战斗系统"计划改成两个阶段。第1阶段是经过第3次重组计划重组后的"潜艇先进战斗系统"基础阶段系统，第2阶段则是1989财年战斗系统计划。虽然第3次重组计划后的"潜艇先进战斗系统"基础阶段大幅缩减了性能规格，不过美国海军打算在1989财年战斗系统计划中，继续发展新的声呐、信号处理器与软件，以实现"潜艇先进战斗系统"计划的初始目标。

BSY系列战斗系统登场

第3次重组计划大幅更动了"潜艇先进战斗系统"设计，负责研究工程与系统的海军部长助理佩斯利（Melvyn R. Paisley），在1985年4月24日指派了一个委员会，负责审查第3次重组计划能否解决"潜艇先进战斗系统"的时程与成本问

下图："潜艇先进战斗系统"计划演变。最初分为"潜艇先进战斗系统"基础阶段、"潜艇先进战斗系统"A阶段与"潜艇先进战斗系统"B阶段，后来被改组为2个阶段，最后分别发展出BSY-1与BSY-2两套战斗系统。

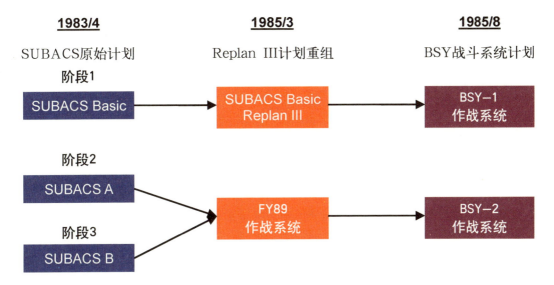

题，并确保"潜艇先进战斗系统"基础阶段系统能赶上"圣胡安"号潜艇的日程。

委员会在1985年5月28日同意第3次重组计划删除光纤汇流排的提议，但委员会认为，第3次重组计划仍过于乐观，成本与时程都有难以预测的风险，因此建议发展一种"类BQQ-5"（BQQ-5 Like）的战斗系统，来替代第3次重组计划。

听取该委员会的汇报之后，海军部长助理佩斯利在1985年5月31日要求美国海军提供关于第3次重组计划与"类BQQ-5"这两种选择方案对成本与时程影响的细节，于是海上系统司令部成立了第2个委员会负责此事。

"类BQQ-5"系统其实就是以"潜艇先进战斗系统"基础阶段系统第3次重组计划为基础，将部分高技术风险的元件，替换为BQQ-5声呐系统上的成熟元件，这些元件的性能虽然较低，但较为可靠。不过"类BQQ-5"系统仍然需要"潜艇先进战斗系统"计划中发展的其他硬件。然而美国海军发现，原定安装"潜艇先进战斗系统"基础阶段系统的1983财年计划"洛杉矶"级潜艇，预留的战斗系统舱室空间无法容纳"潜艇先进战斗系统"硬件设备，必须重新调整设计，因此改用"类BQQ-5"系统省不了多少成本。

第2个委员会在1985年7月1日汇报，表示两种选择方案都无法达到海军当初设定的"潜艇先进战斗系统"效能目标，并且"类BQQ-5"方案的成本比第3次重组计划高5倍，对于潜艇交付时程的影响更大。

最终海军部长助理佩斯利在1985年8月9日批准第3次重组计划，并将"潜艇先进战斗系统"计划重组为两个独立的BSY战斗系统计划。"潜艇先进战斗系统"基础阶段系统改称为BSY-1系统，将部署于"洛杉矶"级潜艇。"潜艇先进战斗系统"A阶段系统与"潜艇先进战斗系统"B阶段系统则构成BSY-2系统的基础，预定配备于"21世纪核攻击潜艇"。（BSY的代码中，B代表潜艇系统，S代表特殊设备，Y代表多用途）。

3 冷战时代的潜艇技术高峰——"海狼"级的发展

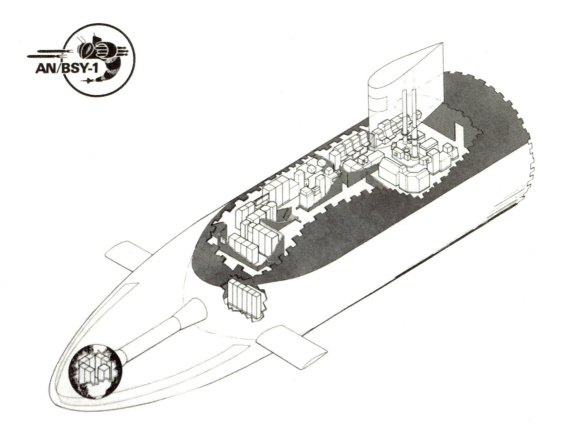

上图：1985年提出的3种"潜艇先进战斗系统"版本中，最终只有"潜艇先进战斗系统"基础阶段系统实际进入开发，以BSY-1系统的形式投入服役。上图为改良型"洛杉矶"级潜艇的BSY-1战斗系统相关设备的布置。

BSY-1战斗系统

美国海军原本打算让"潜艇先进战斗系统"基础阶段系统的原始承包商IBM继续作为BSY-1独家承包商，至于BSY-2系统则待日后启动开发竞标。

但就在此时，审计署（General Accounting Office，GAO）在国会的要求下，出面调查了"潜艇先进战斗系统"计划。审计署对于第3次重组计划改组后的"潜艇先进战斗系统"仍不满意，在1985年11月发布的报告指出："依据海军最新的计划，'潜艇先进战斗系统'的性能将低于原始要求，需要额外的资金，并且用于"洛杉矶"级的头2套'潜艇先进战斗

上图与对页图:"潜艇先进战斗系统"计划最初打算完全整合声呐与火控系统,以单一形式的通用控制台,来同时操作声呐与火控,但是在发展为BSY-1战斗系统时,放弃了这个目标,改回让声呐与火控系统各自使用专用控制台的传统架构。图为"洛杉矶"级"格林维尔"号(USS Greeneville SSN 772)的BSY-1声呐控制台(上),与Mk 81武器控制台(对页)。

系统'系统交付也可能延迟。"[1]审计署建议终止这项计划。

于是众议院武装部队委员会便在同一个月取消了这项计划的全部2.05亿美元经费,但参议院保留了其他相关经费。美国海军于1986年2月与IBM重新签订"潜艇先进战斗系统"基础阶段系统合约,将需求调整为BSY-1规格,由IBM正式担任BSY-1的承包商。

几经波折后,"潜艇先进战斗系统"基础阶段系统终于在调整设计后,改以BSY-1战斗系统的名义继续发展,并从

[1] 1985年11月的审计署报告"海军采购:潜艇先进战斗系统的问题可能会对海军攻击潜艇计划产生不利影响"(Navy Acquisition: SUBACS Problems May Adversely Affect Navy Attack Submarine Programs)。

3 冷战时代的潜艇技术高峰——"海狼"级的发展

1988年起逐步配备于"圣胡安"号以后的改良型"洛杉矶"级上[1]。

相较于原先的"潜艇先进战斗系统"基础阶段系统，BSY-1算是降低规格的版本，硬件更动包括删除光纤汇流排、更换战术资料处理系统、重新设计了通用波束成形器（beamformer）与多重阵列信号调节器（multi-array signal conditioner）等。软件更动包括部分声呐信号处理与战斗管制功能，改用BQQ-5声呐系统与CCS Mk 2战斗系统的软件程序

---

[1] "圣胡安"号最初搭载的是功能尚不完整的BSY-1原型系统，直到1989年11月才升级为完整功能构型。首艘配备完整构型BSY-1系统的"洛杉矶"级是改良型"洛杉矶"级的5号艇"迈阿密"号。

码，还省略了部分自动化操作辅助功能。

从"潜艇先进战斗系统"到BSY-1的发展过程中，"潜艇先进战斗系统"原先的基本目标大多遭到放弃。例如"潜艇先进战斗系统"基于光纤汇流排的分散式处理架构，在BSY-1上被改为以2部海军标准计算机UYK-7为核心的联邦式中央计算机架构（稍后UYK-7被更换为较新型的UYK-43计算机），另搭配2部辅助用的UYK-44小型计算机。海军相关计划管理人员表示，BSY-1的运算能力与储存容量仍与原本"潜艇先进战斗系统"基础阶段系统的设定大致相当，差别在于运算处理分散化的程度不同，UYK-43计算机内部也是多重处理器构成的分散式架构，并通过冗余设计提供了高可靠性。但比起"潜艇先进战斗系统"基于光纤汇流排的分散式处理架构，BSY-1的冗余性与成长潜力都明显受限。

BSY-1没有采用"潜艇先进战斗系统"A阶段系统引进的通用声呐与战斗系统控制台，而是采用传统布置，声呐与战斗系统各有独立控制台。声呐主要通过4部战斗系统显示控制台操作，武器系统的控制核心则是4部Mk 81控制台。

由于BSY-1变更资料处理架构后，计算机与磁碟机设备的体积较原先更大，所以美国海军将多重阵列信号调节器，与1部通用波束成形器整合在一起（整个系统一共有2部通用波束成形器），以便腾出更多空间，代价则是损失了一定的冗余性。

"潜艇先进战斗系统"计划曾打算通过一系列自动化软件功能将战斗系统操作人力降低25%，例如非传统声讯处理（nontraditional acoustic processing）、自动威胁侦测与识别（threat detection and classification）、鱼雷探测、自动性能预测（performance prediction），以及中频后处理（medium frequency post processing）等。不过到了BSY-1系统时，由于缺乏足够经费来完成这些软件功能的开发，最终遭到删除。相关人员表示，BSY-1还是包含了这些功能，但自动化程度有所降低，"潜艇先进战斗系统"基础阶段系统原本设定的操作

上图：虽然BSY-1未能实现"潜艇先进战斗系统"计划最初的目标，但相较于先前"洛杉矶"级采用的BQQ-5声呐与CCS Mk 1战斗系统，仍有重大的进步。

人力是25人，而BSY-1则增加到27人。

尽管BSY-1的规格较"潜艇先进战斗系统"基础阶段系统有所降低，但美国海军认为这套系统在各方面的表现都优于BQQ-5声呐系统与CCS Mk 1战斗系统。虽然BSY-1没有实现"潜艇先进战斗系统"基础阶段设定的目标侦测、识别与追踪距离指标，但美国海军的计划管理官员指出，侦测距离的下降，是由于苏联潜艇变得更安静所致，美国潜艇必须更接近目标才能侦测到，而非BYS-1的设计调整造成。

从"潜艇先进战斗系统"基础阶段系统到BSY-1的设计更动，导致两家船厂也被迫跟着修改设计与建造工程。对于承造"洛杉矶"级潜艇的纽波特纽斯船厂与电船公司来说，BSY-1战斗系统是海军与IBM公司的独立采购计划，再以"政府供应装备"的形式，将BSY-1的元件提供给两家船厂安装。因此BSY-1的设计更动以及交付时程的延误，都会冲击到"洛杉矶"级的相关设计与建造时程。

"潜艇先进战斗系统"基础阶段系统原本采用的光纤汇流排改用传统铜缆后，相关布线的重量与占用空间都大幅增加，

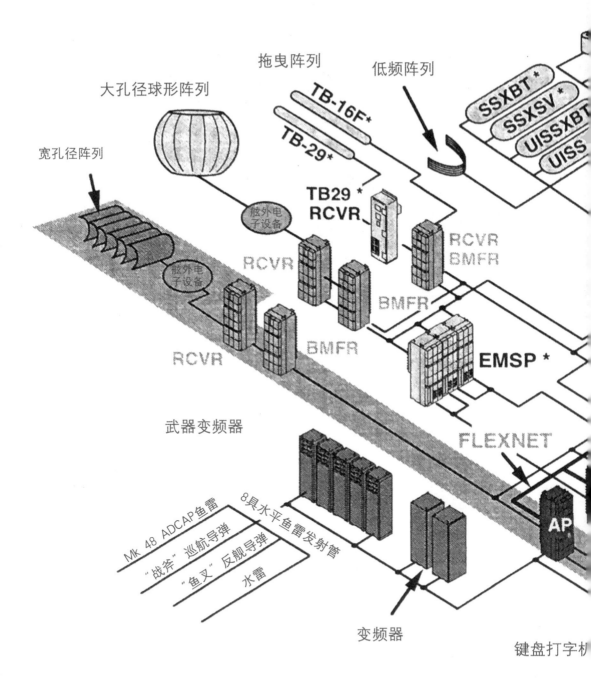

上图：BSY-2战斗系统架构图。
其中大孔径球形阵列（Large Spherical Array）是被动式的接收阵列，与中频主动阵列（Medium Frequency Active Array），以及环绕艇艏的低频艇艏阵列（Low Frequency Bow Array），共同构成艇艏声呐组合。高频主动阵列（High Frequency Active）则是安装于围壳上的水雷侦测与回避声呐。

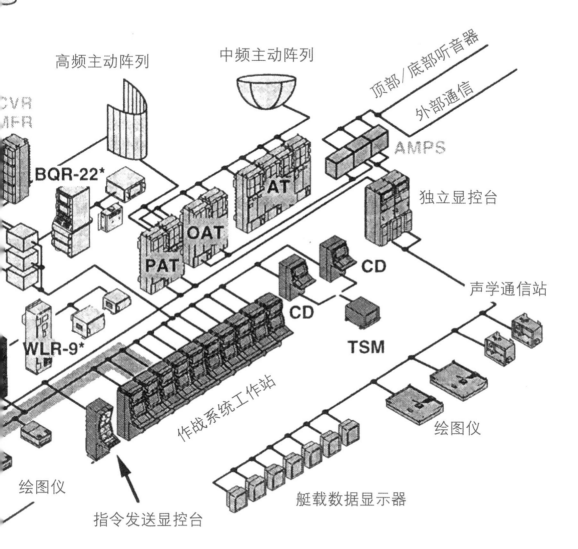

BMFR是波束成形器，RCVR是接收机，BQR-22是独立信号处理器，EMSP是UYS-2信号处理器。FLEXNET则是BSY-2专属的光纤汇流排。P字母代表不同信号处理器，其中AP为主动式，FP为傅里叶窄频处理、WP为宽频信号处理。

潜艇上需要设置尺寸更大的缆线走线槽，并强化甲版支撑结构、缆线与通风结构也都需要跟着修改，这些都导致建造成本增加与时程延误。

由于这些设计更动是海军单方面提出的修改，于是两家船厂陆续向海军提出了总值3.239亿美元的补偿要求，海军最后则拨付了2.18亿美元补偿金给两家船厂。

而包括BSY-1战斗系统在内，加上增设垂直发射系统、艇艏水平舵、降噪措施与推进系统方面的修改，导致改良型"洛杉矶"级交付时间延迟了19个月，其中BSY-1系统的延迟为8～10个月。

BSY-2战斗系统

经过多次计划重组的波折后，首套BSY-1原型系统终于在1987年7月交付美国海军。而"潜艇先进战斗系统"计划时的原始构想（如大型的分散式处理架构，以及完全整合声呐与武器

下图与对页图：BSY-2战斗系统的开发团队，集结了20世纪80年代的军用电子业界统精英，其中显示控制系统是由老牌海军电子系统厂商天秤座（Librascope）公司负责。下为天秤座公司的工程小组，于1992年6月完成头2座BSY-2战斗系统用的战斗系统显示控制台纪念照，对页为天秤座公司为BSY-2战斗系统发展的高分辨率彩色显示器。BYS-2的战斗系统显示控制台，是第1种通过抗震测试，内含磁偏较正功能的高分辨率彩色显示器。

AN/BSY-2 彩色显示监视屏

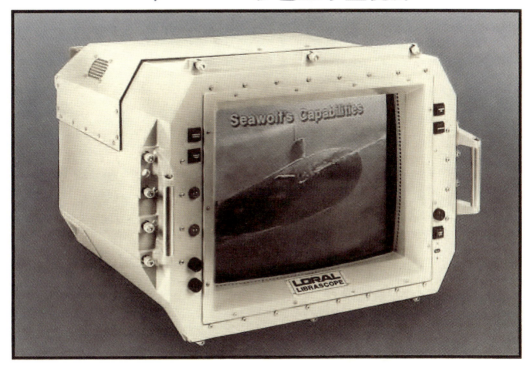

火控的通用控制台概念）在BSY-1上已经荡然无存。但美国海军并未放弃而是把这些期望转到BSY-2系统上去实现。

在1985年3月提出的第3次重组计划中，美国海军将原定于"潜艇先进战斗系统"计划第2、第3两个阶段发展的"潜艇先进战斗系统"A阶段系统与"潜艇先进战斗系统"B阶段系统，整并为1989财年战斗系统计划（FY 89 Combat System program）。稍后海军部长助理佩斯利于1985年8月核准了第3次重组计划后，1989财年战斗系统计划也被定名为BSY-2系统，作为"21世纪核攻击潜艇"的战斗系统。

IBM与美国无线电公司（RCA Corporation）两家公司参与了1985—1988年间的BSY-2系统设计定义阶段，经过竞标后，美国海军在1988年3月将BSY-2系统的全尺寸开发合约授予通用电气公司（General Electric, GE），细部系统设计工作（包括开发、测试，建造4套BSY-2系统与2套宽孔径阵列在内）合约总值预期达到17亿美元，而为"21世纪核攻击潜艇"采购BSY-2的总费用则预计高达74亿美元。

通用电气公司将其海军装备部门卖给马丁·马里塔公司（Martin Marietta），接下来马丁·马里塔与洛克希德整合为新的洛马公司（Lockheed Martin），BSY-2成为洛马公司旗下的产品。

BSY-2保留了"潜艇先进战斗系统"最初构想的系统架构，包括基于光纤汇流排的大型分散式运算架构，以及通用型的多功能控制台。

BSY-2的运算核心是200多颗摩托罗拉68030微处理器构成的大型集群，这些处理器分别组成声讯、指挥控制、武器与显示等4组不同用途的群组，配以UYS-2信号处理器和特殊阵列波束成形器，共同构成分散式处理架构。系统没有中央计算机，各单元之间是通过专属的网络光纤汇流排互联，具备高度的冗余性与可用性。

在控制台方面，BSY-2引进了新型的多功能控制台（Multifunction Control Consoles, MCCs）与战斗系统显示控制台（Combat-System Display Consoles, CSDCs）作为基本操作单元。

BSY-2的软件拥有"潜艇先进战斗系统"最初设想的自动化辅助操作功能，以帮助提高操作效率。它一共提供了6项自动化功能，包括自动化接触追随/辅助侦测（automatic contact following/aided detection）、多组阵列之间的自动接触关联（automatic contact correlation）、自动辅助接触识别（automatic aided contact classification）、自动化目标动态分析、预设武器建议（recommend weapons presets）以及操作员警示（operator alerts）。

在感测器方面，BSY-2也将整合"21世纪核攻击潜艇"预定配备的一系列新型声呐装备，包括BQG-5宽孔径阵列、BQS-24高频水雷侦测与回避声呐、低频艇艏阵列（LF bow array，LFBA）、大型球形阵列（large spherical bow array，LSA）、主动式半球形阵列（active hemispherical array，AHA）、TB-29长细线型拖曳阵列，以及TB-16D粗线型拖曳阵列，BYS-2将整合来自这7套声呐阵列的资料，形成共同的战术态势图像。

吸取"潜艇先进战斗系统"与BSY-1开发过程的教训之后，美国海军给予了BSY-2更多的经费与时间，于1993年底交付原型系统，于1995年2月交付首套量产型。但当时要开发这样一套复杂的系统，难度还是非常高，开发过程依旧问题不断。

"21世纪核攻击潜艇"计划的隐忧

到了1988年，随着美国海军选定了BSY-2战斗系统承包商，便开始着手首艇的建造合约竞标事宜。

自1982年启动初始的概念研究以来，历经6年时间后，"21世纪核攻击潜艇"终于进入实际建造阶段。这原本是个令人鼓舞的事件，但是整个计划潜藏了许多危机。

危机的根源，在于"21世纪核攻击潜艇"实在太过昂贵，莱曼预设的首艇成本是16亿美元，并希望从第5艘起每艘潜艇成本降到10亿美元，这个数字远远超过了"洛杉矶"级。而"21世纪核攻击潜艇"细部设计作业的延宕，以及BSY-2战斗系统的难产，又进一步拉高了整个计划的成本。

即使是在扩张军备成为政界主流共识的里根时代，"21世纪核攻击潜艇"高昂的成本也让美国政府内部存在不少反对的声音。

早在1984年时，在负责计划政策的国防部副部长艾克莱（Fred Ikle）发起的一项保密研究中，便批评了"21世纪核攻击潜艇"计划，认为美国海军的潜艇采购需求应以反潜作战为基准，"21世纪核攻击潜艇"的成本过高。

艾克莱与其副手扎克海姆（Dr. Dov S. Zakheim）委托著名海军分析专家波尔玛对"21世纪核攻击潜艇"计划进行审查。波尔玛于1985年1月完成了审查报告，从成本效益角度批评了"21世纪核攻击潜艇"。当时美国海军预定以每年3艘的速率采购"21世纪核攻击潜艇"，但分析显示，以相同的资金，海军每年可以买7艘"洛杉矶"级。因此波尔玛质疑："'21世纪核攻击潜艇'的造价两倍于"洛杉矶"级，建造这样的核攻击潜艇值得吗？"

当艾克莱的研究报告在1985年1月10日揭露后，海军作战部长沃特金斯随即在2月11日致函海军部长莱曼，对艾克莱的研究发起回击。

确实，"21世纪核攻击潜艇"较高的成本，导致较少的采购数量是个致命伤，即便"21世纪核攻击潜艇"各方面能力都胜过"洛杉矶"级，但在相同预算下，3艘对7艘比例差距过大，这意味着如果改成采购"洛杉矶"级，美国海军便能维持更多潜艇在海上值勤，并派遣更多潜艇进行部署。3艘"21世纪核攻击潜艇"合计只能携带150件武器，而7艘"洛杉矶"级则能携带259件武器，总火力更强大。但关键在于，"21世纪核攻击潜艇"尽管昂贵，却有着"洛杉矶"级无可取代的能力。对于侵入苏联控制水域、猎杀苏联弹道导弹潜艇的危险任务，"洛杉矶"级显然不能胜任，唯有"21世纪核攻击潜艇"具备执行这种任务的能力。

一位承办"21世纪核攻击潜艇"计划的官员回击了波尔玛的批评："波尔玛对任何计划都大唱反调，但我认为他对'21世纪核攻击潜艇'计划一无所知。"

在这个时候，美国国会也加入了这场围绕着"21世纪核攻击潜艇"计划的辩论。于是海军转趋低调，试图回避争端，不在任何公开场合与"21世纪核攻击潜艇"计划的反对者争论，坚信"21世纪核攻击潜艇"的价值。

3 冷战时代的潜艇技术高峰——"海狼"级的发展

对于国会议员的质疑,海军则以面对苏联水下威胁作为回应。

如莱曼部长在1985年初向国会表示:"当我们还在考虑是否建造某些新型潜艇的时候,苏联人却已经实际投入建造了……我们始终只是在设想应该建造更多的潜艇,而苏联人却先走了一步,并且实际上已经造好了潜艇……苏联人在20年内拥有了14个不同型号的潜艇,我们却只有1个新型号的核潜艇。"

稍后在1985年4月2日的众议院拨款委员会听证中,海军部长助理佩斯利也指出:"苏联核潜艇在降噪技术、高强度的双壳体结构、高航速、预备浮力以及下潜深度方面具备的优点,是不断发展完善起来的……苏联核潜艇拥有的另一些先进技术,则是源自苏联的高密度材料与高强度船体材料,在这些领

下图:针对外界对于"21世纪核攻击潜艇"计划价值的质疑,美国海军以苏联潜艇威胁的升高作为回应,特别是20世纪80年代中期新服役的"阿库拉"级潜艇,代表了苏联潜艇技术的飞跃进步,静音性已经赶上"洛杉矶"级的水准。

域，苏联领先于美国。"

两年后，莱曼在1987年4月2日的国家新闻俱乐部演说中，又再次强调："苏联已经补齐了降噪技术方面与美国的差距……苏联建造的新型核潜艇，与我们几年前建造的核潜艇，在静音性方面几乎毫无差距了。"

当时美国海军正陷于苏联"阿库拉"级潜艇带来的震撼中，这种20世纪80年代中期服役的新型潜艇，在静音性方面已经赶上"洛杉矶"级的水准，航速也不亚于"洛杉矶"级，至于在潜深性能与预备浮力方面更是超出一筹。因此美国海军急于通过发展"21世纪核攻击潜艇"来取回水下作战的优势。

但几天之后，或许是尾钩（Tailhook）俱乐部中的性丑闻，莱曼辞去了海军部长一职，于1987年4月10日离开这个担任了6年的职位。

接下来继任海军部长的韦伯（Jim Webb）与巴尔（William L. Ball），任期都不长，也缺乏莱曼的意志力与影响力，于是莱曼任内留下来的"600艘舰艇大海军"计划，100艘核攻击潜艇的政策目标，以及"21世纪核攻击潜艇"计划，都失去了最有力的保护者。也让正准备进入建造合约竞标的"21世纪核攻击潜艇"计划，前景蒙上了一层阴影。

对页图：莱曼于1987年4月辞任海军部长，让他任内展开的一系列建军计划，包括"21世纪核攻击潜艇"计划，失去了最有力的支持者。图为1984年7月4日"约克镇"号巡洋舰（USS Yorktown CG 48）服役典礼中登台致辞的莱曼，这时候是莱曼的全盛期。

战略形势剧变下的"海狼"级潜艇计划

美国海军于1987年1月启动"21世纪核攻击潜艇"计划的细部设计作业后不久,原任海军部长莱曼便于同年4月离职,让"21世纪核攻击潜艇"计划失去了最有力的保护者,必须面对外界更严苛的审视与更激烈的反对声浪。

除此之外,"21世纪核攻击潜艇"计划的一系列技术与管理问题逐一浮现,导致整个计划陷入严重拖延以及成本攀升的恶性循环。

迈向建造阶段

美国的核潜艇产业在极盛时期曾同时有7家船厂参与核潜艇建造业务,但是到了"21世纪核攻击潜艇"计划展开的20世纪80年代,只剩下电船公司与纽波特纽斯船厂两家仍保有核潜艇建造业务。

考虑到美国潜艇建造业界的长远健康发展,美国海军在"21世纪核攻击潜艇"的细部设计阶段采取了联合设计体制。虽然是由纽波特纽斯船厂担任主承包商,但将船艇设计分为10个部分,分拆给纽波特纽斯船厂与电船公司负责,让两家船厂同时参

"海狼"级攻击核潜艇

与"21世纪核攻击潜艇"细部设计工作,希望尽可能维持两家船厂的设计能力。

而到了建造阶段,由于"21世纪核攻击潜艇"计划最初设定的建造数量为30艘,面对这样大规模的建造计划,美国海军希望让电船公司与纽波特纽斯船厂两家船厂竞标建造合约。为了确保竞标程序的合理性,海军要求"21世纪核攻击潜艇"的细部设计不能针对任一船厂的建造程序,以便设计资料能适用于两家船厂。

然而,看似考虑周详的设计与建造程序,在实际执行时却遭遇了难以克服的内部与外部阻碍,不仅没有收到预期的效果,还衍生出新的问题。

延宕的设计与系统开发作业

"21世纪核攻击潜艇"计划在1987年1月进入细部设计后,美国海军希望在1988年5月完成初步设计工作,然后让两家船厂开始竞标建造工程,目标是在1989年11月启动建造工程之

下图与对页图:图为1990年2月在五角大厦展出的"21世纪核攻击潜艇"模型。这时候"21世纪核攻击潜艇"首艇已开工了3个多月,但细部作业的进度却还不到10%。这具模型呈现了艇壳右舷顶部的管状拖曳阵列声呐罩,还有艇壳侧面的宽孔径阵列,以及艇艏的8具鱼雷管,但或许是基于保密之故,没有呈现出艇艉的泵喷射推进器构造。

前，能完成70%~80%的细部设计作业。

两家船厂都不愿向潜在的对手分享技术讯息，迫使美国海军介入两家厂商的设计协调工作。

然而美国海军的介入也无法解决"21世纪核攻击潜艇"细部作业设计延迟的问题。到了开始竞标建造合约的时候，细部设计作业只完成了5%，远远落后于当初设定的完成80%目标。

除了细部设计外，构成"21世纪核攻击潜艇"感测器与武器系统核心的BSY-2战斗系统开发工作也出现严重的拖延。BSY-2属于美国海军与通用电气公司另外签订的独立采购合约，再以"政府供应装备"的形式提供给"21世纪核攻击潜艇"计划。而BSY-2的设计会影响到"21世纪核攻击潜艇"相关的舱室布置设计以及整体的建造时程。

相较于改良型"洛杉矶"级配备的BSY-1战斗系统，BSY-2的软件系统规模是其2倍，开发难度直线增加。BSY-2的软件代码预估达到320万行，其中超过200万行代码必须以美国国防部的标准程序语言Ada编写，在当时的529个Ada软件开

下图：由于美国海军一开始提供的"21世纪核攻击潜艇"战斗系统重量与空间配置，与后来通用电气公司实际完成的BSY-2战斗系统配置，存在着较大的差距，导致负责"21世纪核攻击潜艇"艇艏段细部设计的纽波特纽斯船厂必须大幅调整设计，造成"21世纪核攻击潜艇"设计进度的落后。图为"21世纪核攻击潜艇"首艇"海狼"号的艇艏，可见到声呐阵列的布置。

发计划中，规模仅次于空军的"先进战术战机"（Advanced Tactical Fighter，ATF）计划。

由于Ada是一种全新的程序语言，软件开发人员需要重新培训才能掌握Ada语言的开发应用，这也影响了通用电气公司的BSY-2战斗系统软件开发进度。除此之外，这套系统预定引进的光纤汇流排也出了问题。

启动开发作业不过1年半之后，通用电气公司在1989年12月时便预估首套系统的交付时间，可能会延迟12—16个月。

更糟的是，负责艇艏段细部设计的纽波特纽斯船厂，又发现战斗系统尺寸与预估时有所误差，必须重新调整设计。纽波特纽斯船厂于1989年12月向海军投诉，通用电气公司的BSY-2

系统设计问题妨碍了他们的细部设计工作。纽波特纽斯船厂最初是以海军提供的通用战斗系统资料作为艇艏结构的细部设计基准,但后来海军选择了通用电气公司的BSY-2战斗系统设计方案后,纽波特纽斯船厂发现通用电气公司的战斗系统设计与他们的设计大不相同,以致纽波特纽斯船厂必须重新调整艇艏的战斗系统布置,导致细部设计作业的进一步延迟。

"海狼"级建造规划与首艇建造合约

莱曼的离任给美国海军的建军计划带来重大冲击,没有了莱曼的政治影响力,美国海军无法再像莱曼时期一样,获得充裕的预算支持。

于是美国海军也调整了潜艇建军规划以及"21世纪核攻击潜艇"的建造计划,最终目标仍是建造30艘(或29艘)的"21世纪核攻击潜艇",但考虑到"后莱曼时代"的政治现实,制定了在1989—1995财年采购15艘的计划。在1989财年采购1艘原型艇,接下来在1991财年与1992财年各编列2艘,在1993财年与1994财年各编列3艘,最后在1995财年采购4艘。

美国国会同意了前3个年度的采购规划,先在1989财年预算中列入1艘"21世纪核攻击潜艇"的首艇,然后预定在1991财年中订购后续2艘。

在美国国会通过1989财年预算案不久,"21世纪核攻击潜艇"计划迎来一个关键节点。1989年1月,电船公司以较低的投标金额,赢得总值7.62亿美元的首艘"21世纪核攻击潜艇"建造合约[1]。在这个时候,随着美国政府政权更迭,让"21世纪核攻击潜艇"计划面临了重大的命运转折。

---

[1] 电船公司获得的建造合约中,不包含核反应堆、推进系统,以及武器系统等"政府供应装备"。

战略环境巨变下的"海狼"级潜艇计划

漫长的里根时代在1989年1月结束,也结束了美国海军可以获得充分预算支持的美好时光。新上任的是乔治·布什(George H. W. Bush),虽然布什长期担任里根政府的副总统,但在他出任总统后,面临了完全不同的战略形势,对海军建军政策也形成截然不同的做法。

新形势下的新政策

布什政府上台后不久,以1989年11月的柏林围墙倒塌事件

下图:在"21世纪核攻击潜艇"的细部设计阶段,电船公司虽屈居于纽波特纽斯船厂之下,只担任次承包商,但是到了建造阶段,则凭借着擅长的低价策略,抢到了"21世纪核攻击潜艇"首艇的舰造合约。图为电船公司的格罗顿(Groton)船厂。

为开端，让原本紧绷的冷战军事对峙瞬间舒缓下来，也迫使各国重新检视既定的国防政策。

对美国当时主政的布什总统与国防部长切尼来说，他们将面对如何既能获取冷战结束所带来的"和平红利"，同时又兼顾维持国防预算的"健康平衡"两难问题。无论如何，原先基于冷战环境而制定的军备开发计划此时都到了必须全面检讨的时刻，以便适应新的情势需要。

虽然美国海军刚在1989年1月与电船公司签订"海狼"级首艇合约，但是到了1989年年底，情势已大不相同。由于苏联威胁已大幅减轻，显然，昂贵的"海狼"级潜艇计划势必会遭到质疑与检讨，难以维持原定计划。

为了在需求降低的环境中尽可能维持既有的潜艇工业环境，美国海军于1989年12月起，便与纽波特纽斯船厂直接商谈第2艘"海狼"级的建造合约，打算不经由竞标程序，而是通过与纽波特纽斯船厂间的独家供货谈判，来签订"海狼"级2号艇的建造合约，企图借此扶持该船厂的潜艇建造能力，以避免电船公司一家独大，维持未来潜艇采购计划中的竞争机制。

但不久之后，国防部长切尼启动了全面性的国防采购政策检讨，再次改变了美国海军的"海狼"级采购计划。

"主要战舰审查"

1990年4月，国防部长切尼指示各军种重新考察主要的武器采购计划，以便针对新国际形势下的经济可承受性与需求做出适当的调整，包括针对军机计划的"主要飞机审查"和针对舰艇计划的"主要战舰审查"（major warship review）。

"主要战舰审查"是由主管研发与采购的海军部长助理坎恩（Gerald A. Cann）负责，坎恩过去曾是电船公司母集团通用动力的高级主管，不过他后来在法院作证表示，他任职于通用动力时的工作，与电船公司无关。至于"海狼"级潜艇计划，自然也被列入"主要战舰审查"的审查范围。

"21世纪核攻击潜艇"潜艇的命名——海洋生物命名传统的最终回响

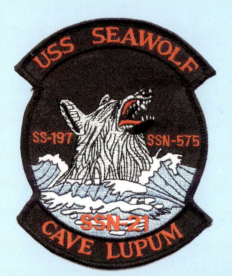

上图:"海狼"号的舰徽,SSN 21是美国海军第4艘以海狼命名的潜艇,前3艘分别是SS 28、SS 197与SSN 575("海狼"号徽志中只标出了后3艘的编号)。

传统上,美国海军都是以海洋生物来作为攻击潜艇的命名,但是在1969年时,当时的海军部长查菲(John Chafee)(1969年1月—1972年5月在任)打破了这个惯例,将3艘后期建造的鲟鱼级(SSN 680、SSN 686与SSN 687)以及涡轮电力驱动潜艇(SSN 685)都改以曾大力支持海军、当时刚去世不久的国会议员姓名来命名。稍后又决定SSN 688级潜艇以城市名来命名,以回报曾支持这项计划的议员们,这也成为"洛杉矶"级潜艇命名的由来。

于是全部62艘"洛杉矶"级潜艇中,除了第22号艇被命名为海曼·里科弗号(Hyman G. Rickover SSN 709)以纪念这位海军核动力计划领导者之外,其余61艘全部都是以美国城市作为命名。

到了"21世纪核攻击潜艇"计划中,潜艇单位出身的海军作战部长沃特金斯试图恢复传统。在《纽约时报》(New York Times)于1985年4月22日刊出的报道中,沃特金斯表达了对"洛杉矶"级命名方式的不满,以及恢复美国海军潜艇命名传统的意图。

沃特金斯表示,"21世纪核攻击潜艇"上,海军将会恢复以海洋生物命名的惯例。在接受《纽约时报》访谈时,沃特金斯表示,先前以城市作为潜艇命名的做法,是里科弗制定的政策。里科弗曾说:"鱼不会投票。"反过来说,以城市作为命名,则有助于争取该城市选出的国会议员,在预算案表决时投下赞成票。

沃特金斯恢复海洋生物命名传统的期待,在编列于1989财年的"21世纪核攻击潜艇"首艇上获得兑现。在1986年时,既有的"海狼"号潜艇(USS Seawolf SSN 575)即将退役拆解(实际于1987年3月退役),而"21世纪核攻击潜艇"首艇则即将开工建造,海军部长莱曼同意让"21世纪核攻击潜艇"首艇继承"海狼"号的命名,成为美国海军第4艘以"海狼"命名的潜艇,而"21世纪核攻击潜艇"也就成为"海狼"级潜艇。

但好景不长,在"海狼"号上恢复的美国海军潜艇命名传统,只是昙花一现。在"21世纪核攻击潜艇"计划的后续阶段,遭逢冷战结束带来的形势巨变,美国海军承受了很大的经费缩减压力,为了争取政界支持,"21世纪核攻击潜艇"后续舰又改为地名与政治人物命名,编列于1991财年的"海狼"级2号艇,被命名为"康涅狄格"号(USS Connecticut SSN 22),也就是承造"海狼"级的电船公司所在地,算是向大力支持电船公司的政商界示好。

在此之后,随着后冷战时代的来临,美国海军受到的经费压力也越来越大,更加依赖政界人士的支持,也越来越无法摆脱以潜艇命名作为政治工具。美国海军攻击潜艇的海洋生物命名传统,此后再也未能恢复,在"海狼"号上成了最后的回响。

上图:1982—1986年间担任美国海军作战部长的沃特金斯,力图恢复美国海军攻击潜艇的传统命名方式,但最后只有"海狼"级首艇"海狼"号实现这个目标。

"海狼"级攻击核潜艇

上图：布什政府上台后不久，便遭逢了以柏林围墙倒塌为开端的国际形势剧变，也带来了大不相同的军备防务需求，原有冷战时代制定的建军政策已不合时宜。布什总统与国防部长切尼随即对既有的武器系统计划展开了全面检讨，包括"海狼"级潜艇在内的主要海军舰艇计划，也都被迫作出调整。图为白宫记者会上的国防部长切尼（左）与布什总统（右）。

在国防部仍在评估"主要战舰审查"的结果时，"海狼"级潜艇计划就先在国会遇上了麻烦。1990年7月，"21世纪核攻击潜艇"首艇"海狼"号开工半年多时间已暴露出技术与管理方面的众多问题，可预见成本将会大幅增加。

作为对海军的不满，参议院武装部队委员会取消了原本列在1991财年的第2艘"海狼"级建造经费，代之以增购2艘"洛杉矶"级。面对"海狼"级潜艇计划可能停摆的危机，海军的资深官员纷纷出面，呼吁挽救"海狼"级潜艇计划，随后众议院武装部队委员会同意在1991财年拨款采购第2艘"海狼"级。

在众议院武装部队委员会于1990年7月24日举行的"海狼"级潜艇计划相关问题公众听证会后，《海军新闻》（*Navy News*）记者齐默尔（Stan Zimmerman）写道："或许是出于怜悯，让第2艘'海狼'级获得拨款。"

4 战略形势剧变下的"海狼"级潜艇计划

1990年8月13日，国防部长切尼依据"主要战舰审查"的结果，公开了新的潜艇采购政策。宣布接下来的攻击潜艇采购速率，将降为每两年只采购3艘（平均每年1.5艘），而非海军希望的每年采购3艘。如此一来，"海狼"级采购计划也改为1991财年采购1艘，1992财年采购2艘，接下来每两年采购3艘，到1994财年为止，一共采购6艘。在这样的规划下，若每艘潜艇的役期以30年计算，最终美国海军的攻击潜艇兵力规模将被限制在45艘，还不到里根时代设定的100艘攻击潜艇兵力一半。

潜艇建造工程的集约——从双船厂转向单一船厂

以1990年6月1日美国总统布什与苏联总统戈尔巴乔夫在华盛顿的峰会为标志之一，长达40多年的冷战宣告结束。美国的

下图：依据1990年的"主要战舰审查"结果，美国国防部将攻击潜艇采购速率降低了一半，但"海狼"级采购计划仍暂时得以继续执行，只是采购时程放缓。照片为电船公司格罗顿船厂内舾装中的"海狼"级首艇"海狼"号。

防务压力随之大减,开始削减军备开支,美国海军耗资庞大的潜艇计划自然成为削减的目标。

建造20～24艘的"三叉戟"弹道导弹潜艇计划被限制为18艘。随着潜艇建造需求的大幅减少,国防部高层开始考虑将建造工作集约到单一船厂。

在"海狼"级潜艇计划开始之初,电船公司正在建造"俄亥俄"级与"洛杉矶"级潜艇。纽波特纽斯船厂承包了部分"洛杉矶"级以及核动力航空母舰与商船的建造工作。海军对电船公司拥有更多控制权,因此担任海军核动力推进计划总监的德马斯(Bruce DeMars)打算将所有"海狼"级建造工程都交给电船公司,这也意味着原本由纽波特纽斯船厂承造的"海狼"级2号艇将会被转给电船公司建造。

地域利益的争夺

事实上,1990年7月,两位不具名的国防部长助理对外透露,表示国防部只想保留1家核潜艇船厂,以求节省成本。很显然,形势对于纽波特纽斯船厂不利,于是该船厂所在的弗吉尼亚州议员们展开了反击。

纽波特纽斯船厂选区的众议员贝特曼(Herbert H. Bateman)表示:"我与海军的人碰了面,强烈表示了我的观点,我认为这是一件坏事,而且愚蠢。"贝特曼与同为纽波特纽斯船厂选区的参议员华纳(John Warner)向国防部官员强调,拥有两家可以在国家紧急时刻建造潜艇的船厂是有必要的。

海军方面则否认了支持单一船厂的解决方案,但海军官方于1990年7月10日宣布暂停与纽波特纽斯船厂之间关于"海狼"级2号艇的建造合约磋商,以待"主要战舰审查"结果出炉。海军表示,他们还不能确定在经过"主要战舰审查"后,"海狼"级还能保有多少建造数量,也无法确定是否维持两家潜艇船厂,因而中止了与纽波特纽斯船厂间的谈判,以待国防

上图：1990年6月1日，美国总统布什与苏联总统戈尔巴乔夫于华盛顿举行高峰会议，意味着冷战结束，也给美军的武器系统发展带来重大冲击。照片为此次高峰会结束后，布什与戈尔巴乔夫签署削减化学武器协定的纪念照。

部新的潜艇采购政策出炉。

依照日后联邦法院中的证词，纽波特纽斯船厂这时候向海军提交了"海狼"级2号艇的建造报价提案，但遭海军退回，要求该船厂重新报价。相较于一年半前，电船公司获得"海狼"级首艇建造拨款7.62亿美元，纽波特纽斯船厂此时提出的2号艇建造报价为8.8亿美元，高出了15%。

由贝特曼、西西斯基（Norman Sisisky）、皮克特（Owen Pickett）等弗吉尼亚州众议员组成的国会代表团与负责采购的国防部副部长贝蒂（John A. Betti）会面，弗吉尼亚州的议员们向国防部指出："不应由政府来选择哪一家船厂应该生存下来。"议员们表示，贝蒂在这次会面中并未作出任何承诺。

随后国防部在1990年8月中旬，趁着国会休会期间公布了"主要战舰审查"结果，将海军攻击潜艇采购规划从每3年采购10艘降为每2年采购3艘。但弗吉尼亚州众议员贝特曼认为，

"海狼"级攻击核潜艇

"主要战舰审查"并没有提出将潜艇采购来源改为单一船厂的建议,这对纽波特纽斯船厂来说,算是个好兆头。

美国国会于1990年10月正式通过了1991财年的国防拨款法案,其中包含了为"海狼"级2号艇拨款的项目。虽然弗吉尼亚州的议员们未能将"海狼"级2号艇直接交给纽波特纽斯船厂建造,但是在预算法案中列入了这个附加警示,要求国防部在选择潜艇建造基地时,必须以价格竞争力作为考量。这也就是说,只要纽波特纽斯船厂能提出更具价格优势的提案,那么海军就应该把"海狼"级2号艇的合约交给该船厂。于是弗吉尼亚州众议员西西斯基斩钉截铁地表示:"纽波特纽斯船厂将会得到第2艘'海狼'级。"

电船公司与纽波特纽斯船厂

在庞大的政治压力下,美国海军决定以竞标来决定"海

下图:自20世纪70年代后期起,美国便只剩下电船公司与纽波特纽斯船厂两家船厂,与业务集中在潜艇建造的电船公司相比,纽波特纽斯船厂的业务范围更为多元化,除了潜艇外,还有核动力航空母舰与商船业务。这也意味着,纽波特纽斯船厂不需要潜艇订单,就能维持生存。这也造成后冷战时代初期,美国海军决定将所有"海狼"级建造都交给电船公司,以确保电船公司的营运。照片为纽波特纽斯船厂鸟瞰图,中间是建造中的"洛杉矶"级潜艇"夏延"号(USS Cheyenne SSN 773),左边是一艘建造中的商船。

狼"级2号艇的合约归属。1990年11月，美国海军要求纽波特纽斯船厂与电船公司两家船厂提交建造"海狼"级2号艇的投标书，海军在"提案征求书"中表示，如果竞标保持在7.08亿美元以下，那么维持工业动员能力的重要性将会高于价格。这样的条款似乎暗示7.08亿美元是足够实惠的价格，只要纽波特纽斯船厂提出的报价低于7.08亿美元，即使电船公司提出更低的价格，那么美国海军也会将合约交给纽波特纽斯船厂，以同时维持两家潜艇船厂的建造能力。

不过负责采购的国防部副部长贝蒂在1990年12月辞职，改由贝蒂的副手约凯（Donald J. Yockey）接任。约凯几个月前才刚从洛克威尔公司（Rockwell International）退休，马上就被招揽进入布什政府担任要职。

两家船厂在1991年1月提交了竞标提案，弗吉尼亚州的参议员华纳询问国防部长切尼，海军保持单一潜艇供应来源的可能性，而他被告知相关决策将在6个月后决定。

海军官员则声称，他们不会只选择一家船厂，但会让经济学来决定船厂的未来。这项声明表明海军不会违反经济性原则而去勉强维持两家船厂同时存在。

在这个时候又传出对"海狼"级潜艇计划不利的消息。在1991年2月提交给国会的1992—1993财年预算案中，国防部进一步削减了"海狼"级的经费，到1996财年为止，每年都只采购1艘"海狼"级潜艇，之后每2年采购3艘。

眼见弗吉尼亚州的民意代表们来势汹汹，积极为纽波特纽斯船厂出头，感受到压力的新英格兰地区议员们也试图帮助选区内的电船公司争取海军合约[1]。于是夏威夷选出的参议院拨款委员会国防次委员会主席井上（Daniel Inouye）在1991年3

---

[1] 纽波特纽斯船厂位于弗吉尼亚州东北部的纽波特纽斯市。电船公司的总部与主要船厂则位于康涅狄格州南部的格罗顿镇。旗下另一重要船厂则位于罗得岛州的昆西特角（Quonset Point），康涅狄格与罗得岛都属于新英格兰地区。

本页图：为了争取自身船厂的利益，纽波特纽斯船厂总裁坎贝尔（上）与电船公司总裁特纳（下）都出席了参议院听证会，强调"海狼"级后续舰合约对于他们船厂的重要性。

月召开了关于美国潜艇工业未来发展的听证会。

纽波特纽斯船厂与电船公司分别是弗吉尼亚与新英格兰的首要制造业，因而两地的国会议员与商界人士，也积极为两家船厂出头，竞争"海狼"级2号艇的建造合约。

纽波特纽斯船厂总裁坎贝尔（Edward J. Campbell）与电船公司总裁特纳（James E. Turner），都出席了参议院的听证会，两人都向委员会表示，如果失去了"海狼"级2号艇合约，那么他们最终将被迫退出潜艇建造领域。

在这个时候，为了挽救电船公司可能失去的"海狼"级2号艇合约，新英格兰地区的商界领袖与议会民意代表们展开了大规模游说活动。

以有利于维持潜艇工业动员能力为由，弗吉尼亚的民意代表声称纽波特纽斯船厂是承造"海狼"级2号艇的最佳选择，尽管新英格兰地区也积极争取这份订单，但弗吉尼亚方面仍认为自己占了上风。

1991年4月16日，新上任的国防部副部长约凯作出了关键决定，他送交一份备忘录给海军，表示如果海军基于"最佳总体成本"（best overall cost）来选定"海狼"级2号艇承包商，那么他将直接核准这份合约；但如果海军基于其他理由（如维持潜艇产业的动员能力）作为"海狼"级2号艇的选商基准，那么约凯希望海军事先与他协商。

约凯对弗吉尼亚的众议员贝特曼表示，他在这份备忘录

上图：1991—1993年在美国国防部负责采购的副部长的唐纳德·约凯，对于后冷战时代的美国潜艇产业发展带来了重要影响。在"低成本负担"与"维持产业动员能力"这两种潜艇采购政策选择中，约凯更倾向于低成本，促使美国海军将"海狼"级2号艇的合约，交给报价较低的电船公司，最终导致纽波特纽斯船厂因缺乏新潜艇订单而一时退出潜艇建造领域。

中,并未禁止海军以潜艇工业基础的考量来决定"海狼"级2号艇承包商,只是要求海军必须先征求约凯的核准。尽管如此,约凯很明显是倾向于以投标价格的高低,来决定"海狼"级2号艇的承造船厂。

半个月后(1991年5月3日),美国海军宣布,电船公司以6.147亿美元的投标报价,赢得"海狼"级2号艇的建造合约,相比之下,纽波特纽斯船厂的投标出价是6.88亿美元,比竞争对手高了将近12%。

纽波特纽斯船厂对美国海军的诉讼

面对竞标失利的结果,纽波特纽斯船厂紧接着于1991年5月6日在诺福克郡的美国地方法院向美国海军提起诉讼,要求将"海狼"级2号艇建造合约授予该船厂。负责审理这件诉讼的地方法院法官杜马(Robert G. Doumar)则在1991年5月7日发出一份临时禁令,暂时禁止电船公司从事"海狼"级2号艇的相关工作。杜马将于1991年5月17日举行听证,以决定是否继续执行这项禁令。

随后在1991年5月17日—21日举行的法院听证会中,纽波特纽斯船厂总裁坎贝尔表示,他们或许在竞标价格上高出电船公司,但是海军在邀标书中曾承诺,只要出价低于7.08亿美元,那么基于维持工业动员能力的目的,纽波特纽斯船厂将获得"海狼"级2号艇合约的保证。坎贝尔进一步向法官杜马表示,如果价格是唯一决定因素的话,那么他们原本可以提出更低的投标价格。

负责管理"21世纪核攻击潜艇"计划的弗尔鲍夫(Millard Firebaugh)少将则在法院听证会表示,他是依据国会的期望将合约授予给较低价的竞标者,他认为维持工业基础方面的考量已经互相抵消了。国防部副部长约凯也在作证时表示,海军从未正式承诺将以维持工业基础的考量将合约交给纽波特纽斯船厂。

听证会结束过后，法官杜马于1991年5月24日裁定，鉴于此案情节重大，足以发出无限期禁止电船公司执行"海狼"级2号艇合约中任何工作的禁令。不过在几天后，杜马又于1991年5月29日修改了禁令，将电船公司的合约执行范围限制在规划与订购材料，但不得接受材料的交付或开始进行零配件的建造。

接下来的情势发展对纽波特纽斯船厂渐趋不利。杜马在1991年5月31日解释禁令时，透露了美国海军方面的想法：海军可以在接下来的4艘"海狼"级建造合约中，将其中3艘交给纽波特纽斯船厂，另1艘则交给电船公司，这也会让两家船厂在"海狼"级的建造上取得平衡，各得到3艘的合约。

于是在1991年7月的宣判中，法院裁定海军与电船公司的"海狼"级2号艇合约有效，电船公司得以正式开始"海狼"级2号艇的建造准备工作。

下图：不满于"海狼"级2号艇的竞标结果，纽波特纽斯船厂在决标过后3天，于诺福克郡的美国地方法院发起对美国海军的诉讼，认为海军违反邀标书中的承诺，要求取得合约。图片为诺福克地方法院大楼。

上图：为了争夺后冷战时代日渐稀少的潜艇订单，电船公司与纽波特纽斯船厂两大船厂，以及两家船厂所在的弗吉尼亚与新英格兰地区政商界，在"海狼"级2号艇建造合约上展开了激烈竞争。照片为电船公司格罗顿船厂建造中的"海狼"号。

纽波特纽斯船厂的诉讼虽然失利，但仍期待能从"海狼"级3号艇以后的合约中得到补偿。但紧接而来的国际情势巨变，打碎了纽波特纽斯船厂的期待。

转折点：冷战的缓和与终结

华约组织6个会员国的外长与国防部长在1991年2月25日的集会中宣布，华约组织的军事机构将于该年4月1日解散，稍后华约组织各会员国领导人于1991年7月1日正式签署了解散的议定书与公报，与北约对峙了多年的华约组织就此消失。紧接着在同年年底，由于各加盟共和国的独立风潮无可遏止，苏联总统戈尔巴乔夫于1991年12月25日辞职，隔日宣布苏联不再存在。

当美国发现昔日威胁已经消失，原来的假想敌正陷入改革初期的混乱中，在这种情况下，继续执行原来的军备开发计划，显然不合时宜。

在1990—1991年间，冷战对峙情势便已大为和缓，但"和缓"并不意味着"威胁消失"。而到了1992年威胁是"真正消失了"，美国国家安全需求的目标也顿时模糊起来。无论如何，进一步削减国防开支、重新调整国家资源分配方向将成为无可避免之事。摆在美国国防决策者眼前的难题，便是如何在收缩预算规模的前提下确保美国军事技术的优势。

在1992年初开始准备新一年度的预算编列时，国防部长切尼宣布，五角大厦仍会继续为新一代武器发展计划拨款，但并不保证一定会投入量产。

"海狼"级的危机与转机——大幅削减的建造计划

在一年半前的"主要战舰审查"中，切尼仍同意继续采购"海狼"级潜艇（只是把采购速率降低一半），但是随着苏联解体，"主要战舰审查"也不再有效。

在苏联威胁消失后，继续推动依照冷战时代作战需求制定的"海狼"级潜艇计划显然已不合时宜。"海狼"级原本是针对莱曼"海上战略"的攻势任务而设计，以侵入苏联弹道导弹潜艇"堡垒"区域、猎杀苏联弹道导弹潜艇为核心任务。然而当苏联解体后，让"海狼"级潜艇失去作战目标，反而显得性能过剩、过于昂贵。于是切尼打算取消整个"海狼"级潜艇计划。

1992年1月29日，也就是苏联瓦解后的34天，切尼宣布将终止整个计划，只有首艇"21世纪核攻击潜艇"将会建造完成，至于国会已经同意拨款的"海狼"级2号艇，则会被取消，切尼要求国会撤销已编列在1991财年中的"海狼"级2号艇采购经费。

切尼进一步表示，一直到1997财年开始采购新型低成本潜

上图：苏联解体的瞬间。苏联总统戈尔巴乔夫于1991年12月25日的电视演说中宣布辞职："我将要终止我担任苏联总统这一职位所履行的一切行为。"演说完毕，戈尔巴乔夫随即扔下讲稿。苏联宣告解体让美国一系列以对抗苏联为目的的武器系统开发计划失去存在的意义与正当性。

上图：为了应对后冷战时代的国防情势，布什时代的国防部长切尼，对当时的国防采购计划实施了大幅度的删减。照片为1991年1月，切尼在记者会中解释几个主要计划的取消在1992—1997财年所能得到的节约效果，海军的几项大型计划，包括A-12匿踪攻击机、P-7A反潜巡逻机与F-14D战斗机等，都遭到取消，LHD两栖突击舰与三叉戟弹道导弹潜艇则遭到裁减。一年后的1992年1月，轮到"21世纪核攻击潜艇"，"海狼"级遭到裁减的命运，切尼只打算只保留已经采购的首艇，后续舰则全部取消。

艇之前，将不会让海军购买任何新潜艇。

切尼这里提到的新型低成本潜艇便是海军作战部长凯尔索（Frank Kelso II）推动的代号为"百夫长"（Centurion）的新型攻击潜艇计划。

替代方案浮现

事实上，早在"海狼"级仍在细部设计阶段时，美国海军便于1988年开始探讨"海狼"级的后继潜艇研究。2年之后，新上任海军作战部长不久的凯尔索，着眼于外界对"海狼"级成本过高的批评以及国际形势开始出现的变化，于1991年1月指示启动一项"经济上可承担"的低成本攻击潜艇研究。

凯尔索于1991年2月21日向国会汇报，公开了这项"百夫长"攻击潜艇计划："我们正在开始一项研究工作，为'海狼'级寻找一种低成本的替代潜艇方案。"1991年10月，凯尔索批准了"百夫长"攻击潜艇计划的任务需求说明文件，并在1992年1月设定了性能需求范围清单，成本为"海狼"级的一半。

美国海军并不打算立即以"百夫长"来替代"海狼"级，而是渐进式地过渡。凯尔索在1991年9月表示，他希望在首艘"百夫长"攻击潜艇获得采购授权之前，每年都采购1艘"海狼"级，但他预期整个采购计划不会超过7~8艘。

即使"海狼"级削减到只剩7~8艘，也是一个可观的数字，纽波特纽斯船厂仍有机会得到订单。

然而冷战的突然终结，让美国海军由"海狼"级到"百夫长"攻击潜艇的渐进式过渡构想完全落空。

失去苏联这个对手后，性能先进的"海狼"级已经没有用武之地。"百夫长"攻击潜艇计划也在此时开始执行。以切尼为首的国防部高层迫不及待地想要终止昂贵的"海狼"级潜艇计划，改由"百夫长"攻击潜艇计划来接替。

"海狼"级后续舰的取消与恢复

切尼的提议在美国国会遭遇了阻力。事实上，确实有部分国会议员认同切尼的看法，认为"海狼"级潜艇计划过于昂贵，且没有必要。亚利桑那州参议员麦凯恩（John S. McCain）曾在1991—1992年间数次推动议案，尝试取消"海狼"级潜艇计划。

但多数国会议员反对终止整个"海狼"级攻击潜艇计划的提议，认为"百夫长"攻击潜艇最快也要等到20世纪90年代末期才能完成设计，并进入采购与建造阶段；如果没有"海狼"级后续舰来帮助潜艇船厂度过这段空窗期，将会因为缺乏新潜艇订单导致美国潜艇工业基础流失。最终国会与国防部长切尼在1992年5月达成妥协，同意维持原有的"海狼"级2号艇订单。

于是"海狼"级潜艇计划勉强维持在建造2艘，国会还授权拨付5.4亿美元资金，用于支援潜艇船厂，以维持美国的潜艇工业基地运转。

与此同时，"百夫长"攻击潜艇计划也有进展。负责采购

上图:在1992年的总统大选中,克林顿曾表示支持采购第3艘"海狼"级,以帮助电船公司维持营运。他在大选中成功获得电船公司所在的新英格兰地区选票支持,但是当克林顿上任后却改变了主意,不愿采购"海狼"级3号艇,而打算等待新一代的低成本潜艇设计完成。照片为1992年大选活动中的克林顿。

的国防部副部长约凯于1992年8月28日批准让"百夫长"攻击潜艇计划进入概念定义研究,正式将这项计划列入国防部政策中,预定在1998财年计划中列入首艇的采购预算,并定于2003年完工。

这也意味着,在1989财年与1991财年采购的头两艘"海狼"级之后,到1998财年开始采购新的"百夫长"攻击潜艇之间,美国海军将有一段相当长的采购空窗期。对于美国的潜艇产业来说,将会非常煎熬,许多承包商不是会破产,就是得转向其他业务,无论如何,都会伤害到美国的潜艇工业基础。

在1992年底的美国总统大选中,民主党候选人比尔·克林顿(Bill Clinton)声称将支持采购第3艘"海狼"级以便帮助电船公司保持营运,进而维持美国的潜艇工业基础。克林顿认为,应暂缓作为"海狼"级后继的低成本潜艇设计工作。最终克林顿也在大选中成功获得电船公司所在的新英格兰地区压倒性支持。

然而当克林顿赢得总统大选后,却又推翻了竞选时的承诺。考量到政府整体的财政负担后,克林顿在1993年3月15日表示,应等待下一代低成本潜艇的设计完成,再行采购新潜艇,而非现在就立即采购"海狼"级3号艇。

第3艘"海狼"级的增购

1993年初，国会在1992年拨付用于支持潜艇工业基础的经费已经被用于"海狼"级3号艇的先期采购。电船公司所在的新英格兰地区国会议员也强力施压，要求落实采购"海狼"级3号艇的承诺。

与此同时，美国国防部也委托进行一项研究，评估不同的潜艇产业政策选择，是先行完全停止潜艇建造，待下个世纪需要新潜艇时，再重建潜艇工业较为有利？还是继续保持低速率的潜艇建造，以便持续维持潜艇工业基础。

结果这项研究显示，若提前终止"海狼"级采购计划，日后当美国海军重建潜艇工业基础所需的资金与额外再采购第3艘"海狼"级的经费其实相差不多，但采购第3艘"海狼"级能达到维持潜艇工业的目的，也可预防一些风险。于是在1994年1月，"海狼"级3号艇最终被列入1996财年采购计划，部分经费则来自1992财年的潜艇工业支持基金。

早在1993年9月3日，海军正式将这艘潜艇的建造工程指派给电船公司。但如此一来，也就形成既有的3艘"海狼"级建造订单全部都交给电船公司的局面，纽波特纽斯船厂则毫无所获，被海军抛弃在潜艇供应链外。

在国会成功通过采购"海狼"级3号艇的背后，当时担任海军核动力推

下图：1988—1996年间担任美国海军核动力推进总监的德马斯，堪称后冷战时代的美国海军潜艇发展之父，主导了后冷战时代的美国海军潜艇发展，但他强势的作风，也引起了许多争议。

上图：美国海军在1993年9月，将"海狼"级3号艇的建造工作指派给电船公司，也让电船公司承包了全部3艘"海狼"级的建造工程，而纽波特纽斯船厂则被海军排除在潜艇供应链之外。照片为电船公司格罗顿船厂组装中的"海狼"级3号艇。

进计划总监德马斯功不可没。他不仅帮助实现了第3艘"海狼"级的采购决策，还争取到了追加经费。德马斯向国会表示，预定拨给采购"海狼"级3号艇的15亿美元经费，仍不敷建造工程所需，还需要另外15亿美元。于是国会批准了追加经费的要求，同意以30亿美元让海军来完成"海狼"级3号艇。

但德马斯的强势举措也引发了许多争议。仿效前任海军核动力推进总监里科弗的风格，德马斯试图压制海军内外反对"海狼"级潜艇的声音。在德马斯指示下，海军调查局调查了反对"海狼"级潜艇计划的民间分析师，并攻击了《潜艇评论》（The Submarine Review）杂志的编辑，《潜艇评论》是海军潜艇联盟（Naval Submarine League）发行的期刊，海军潜艇联盟本身是由退役潜艇军官与潜艇相关民间人士于1983年创办的私人组织，但德马斯于1988年1月致函施压海军潜艇联盟，导致曾批评"海狼"级潜艇计划的《潜艇评论》编辑去职。

国防部监察长克劳弗（Susan J. Crawford）在1990年10月的调查报告中抨击了德马斯的做法，指出"这对于非保密潜艇议题的公开辩论，产生了寒蝉效应（chilling effect）"。

挣扎求存的美国潜艇工业

冷战的结束同时打击了苏联与美国的核潜艇工业。苏联体制崩溃后，苏联遗留的潜艇工业陷入毁灭边缘，而作为竞争对手的美国潜艇建造产业日子也不好过,因为需求的大幅萎缩而承受了巨大冲击。

在20世纪80年代末期,美国的潜艇建造基础设施是以每年建造1艘"俄亥俄"级弹道导弹潜艇,加上2~3艘攻击潜艇为基准,整体建造能量相当于每年可以建造4~5艘攻击潜艇。当冷战结束后,战略潜艇的生产停止在18艘"俄亥俄"级,"洛杉矶"级核攻击潜艇的建造也进入尾声,最后1艘"俄亥俄"级与"洛杉矶"级,将在1996—1997年完工交付。在此之后,由于缺乏"俄亥俄"级与"洛杉矶"级潜艇来分摊基础设施维持费用,将导致"海狼"级建造成本的攀升。

除此之外,考虑到已耗费在"海狼"级研发上的费用,当建造数量减少时,分摊到每艘潜艇上的研发成本也将跟着增加。举例来说,如果将"海狼"级采购数量减少到12艘,那么每艘的单位成本就会增加为28亿美元。

在较低的生产速率下,每艘潜艇必须摊付更多的船厂营

下图:电船公司业务单一,完全依靠潜艇订单生存,因此相对也更需要"海狼"级后续舰的合约来维持船厂营运。照片为停泊于电船公司格罗顿船厂码头的"海狼"级2号艇"康涅狄格"号。

与设计活动费用。即使接受降低性能规格的做法，如较低的航速或较差的静音性，也无法降低更多成本。

美国海军在"百夫长"攻击潜艇计划中，试图打造以降低成本为目的的新一代攻击潜艇，但能否达到理想效果，仍然存疑，因为新潜艇的设计开发需耗费相当大的资金，考虑到开发费用的摊付，势必也会拉高新潜艇的采购成本。

凭借第3艘"海狼"级潜艇的订单，可望在一段时间内维持既有的潜艇建造人力资源，问题在于如何维持设计团队。以当时情况来看，美国的潜艇设计能力有陷入断代危机之虞。在攻击潜艇方面，新一代的"百夫长"可保持攻击潜艇的设计队伍。在弹道导弹潜艇方面，在"俄亥俄"级之后，美国海军可能在20年之内都不会需要设计新的弹道导弹潜艇，以致难以维持设计团队，势必会出现人力的散失。

下图：纽波特纽斯船厂的核心业务是核动力航空母舰的建造，虽然遭遇失去全部"海狼"级潜艇订单的打击，仍不致危及生存。2000年，纽波特纽斯船厂重新回到核潜艇产业。照片为纽波特纽斯船厂建造中的"罗纳德·里根"号航空母舰（USS Ronald Reagan CVN 76）

在后冷战时代的军费缩减趋势下,美国政界虽然想方设法地凑出"海狼"级2号艇与3号艇的经费,以帮助潜艇船厂渡过难关,但实际上受益的只有电船公司。3艘"海狼"级的建造合约都是由电船公司获得,另一家主要潜艇船厂——纽波特纽斯船厂则因缺乏订单,而被迫在1996年9月(交付最后1艘"洛杉矶"级之后)暂时退出了潜艇建造市场。美国的核潜艇产业从极盛时期的7家船厂跌落到只剩电船公司一家。

对美国海军来说,将所有"海狼"级订单都交给电船公司,以维持电船公司的运作,也是正确的选择。"海狼"级的采购数量只有3艘,如果分散给电船公司与纽波特纽斯船厂,那么这两家船厂都无法因此而获救。如果将订单集中给电船公司,那么还能维持电船公司的营运。

相较于所有业务都集中在潜艇、没有新潜艇合约便会陷入营运危机的电船公司,纽波特纽斯船厂还有核动力航空母舰的业务(当时手上还有两艘"尼米兹"级航空母舰的合约)足以维持船厂生存,不至于因为没有新潜艇订单而无法营运。而只要纽波特纽斯船厂还能持续营运,即使一时退出潜艇业务,日后还有回到潜艇产业领域的可能。事实上,到了2000年,纽波特纽斯船厂便参与了由"百夫长"攻击潜艇计划演变而来的"弗吉尼亚"级潜艇计划,重新回到核潜艇产业。

5

"海狼"级的诞生

最终建成的"海狼"级潜艇只有3艘,是当前美国海军潜艇力量中数量最少的一级。

尽管数量少,"海狼"级以追求高性能为目标,平台性能位居榜首,可说是美国海军攻击潜艇中最精锐的一批。

"海狼"级在规划之初其实并不是扮演目前这种"少数精锐"的角色,而是打算大量建造。开发"海狼"级的目的,是承担美国海军21世纪主力攻击潜艇的重任,构成美国水下武力的核心力量。

然而"海狼"级潜艇计划执行期间,历经了从冷战高峰到苏联瓦解的国际形势剧变,以致给这项潜艇计划的命运带来巨大影响。在短短10年之内,"海狼"级便从新一代主力潜艇的地位跌落,总数达29艘的建造计划难以为继,最终只造了3艘。

巨变下的"海狼"级潜艇计划——从新世代主力到小众势力

"海狼"级潜艇从1982年启动需求研究到1997年首艇服役,一共花了15年时间,这15年也是第二次世界大战后最动荡的一个时期,一连串事件不仅改变了世界格局,也改变了"海狼"级的命运。

"21世纪核攻击潜艇"计划诞生于冷战高峰的20世纪80年代初期,当时苏联水下力量正以惊人的速度增长,给美国海军带来了莫大压力。与此同时,美国的军备发展环境处于里根政府主政的黄金时期,让美国海军有了足够的政治支持可以去追求一种性能空前先进的新型潜艇,以便压倒苏联,重新夺回水下优势。

在这样的背景下,美国海军自1982年开始新型攻击潜艇的概念研究与需求设定工作,1983年正式启动"21世纪核攻击潜艇"计划,1983年11月开始预备设计研究,1987年1月进入细部设计阶段。然而随着计划逐渐深入,问题也逐一浮现。

问题浮现

自1987年初进入细部设计阶段起,"21世纪核攻击潜艇"计划便开始逸出原本规划的轨道。其原因既有"21世纪核攻击

下图:电船公司以擅长的低价策略,于1989年1月成功取得首艘"21世纪核攻击潜艇"的建造合约。

5 "海狼"级的诞生

潜艇"计划本身的问题,也有外在环境因素的影响。

由于"海狼"级设定了极高的性能要求,因而也存在着技术风险过高和难以控制成本的隐忧。美国海军在细部设计作业中采取双船厂联合开发策略导致设计时程严重拖延,预期成本不断攀升。美国海军内部也出现了质疑"海狼"级潜艇计划的声音。

雪上加霜的是,随着海军部长莱曼于1987年4月去职,以及里根政府时代接近尾声,到了20世纪80年代后期,美国海军无法获得充分的政治与预算支持,成本高昂的"海狼"级潜艇计划也沦为众矢之的。

在启动"21世纪核攻击潜艇"计划之初,美国海军原本打算耗资380亿美元建造29艘"海狼"级潜艇(另有预定建造30艘的记载),整个采购计划从1989财年持续到2000财年。面对现实的庞大压力,计划又改为在1989财年—1995财年采购15艘,1989财年采购原型艇,接下来在1991与1992财年各编列2艘。美

下图:在"海狼"级建造过程中,适逢冷战结束、苏联瓦解的国际形势剧变,导致美国海军作战环境的变化,最终导致"海狼"级采购数量的大幅削减。照片为建造中的"海狼"号。

"海狼"级攻击核潜艇

国国会也初步同意了头3艘的预算,在1989财年预算中列入首艇,然后在1991财年订购后续2艘。

在里根政府卸任前夕,美国海军于1989年1月9日,将"21世纪核攻击潜艇"首艇建造合约授予电船公司,让"海狼"级潜艇计划进入建造阶段。

海军战略重心的转换

事实上,自1992年以后,"海狼"级潜艇计划存在的价值,只剩下帮助维持美国潜艇工业而已,而不再是承担美国海军战略核心的主力作战平台。

"海狼"级原本是针对莱曼时代"海上战略"的攻势任务而设计,以侵入苏联弹道导弹潜艇"堡垒"区域、猎杀苏联弹道导弹潜艇为核心任务。然而当苏联解体后,后继的俄罗斯陷入政治混乱与经济困境,已无法维持弹道导弹潜艇的巡逻部署,这也让"海狼"级失去了作战目标,当初"21世纪核攻击潜艇"计划所基于的作战环境与任务需求,都失去了着力点;然而对于传统的攻击潜艇任务来说,"海狼"级却又显得性能

下图:苏联瓦解后,俄罗斯虽然继承了苏联的军事遗产,但无力维持苏联时代庞大的潜艇力量,潜艇维持状况与战备执勤能力大为衰退,美国海军面对的水下压力大为减轻,也让"海狼"级失去价值,照片为停泊于可拉半岛大罗巴特卡基地的苏联核潜艇群,靠前方是"维克托"级(671型),后方是"奥斯卡"级(Oscar Class,949型)。

过剩、过于昂贵。

由于爆发大规模高强度战争的可能性已大为降低，面对新的国际形势，美国海军也转换了战略重心，于1992年9月公布了"……从海上来"战略纲领白皮书，提出美国海军应建立海上远征部队（Naval Expeditionary Forces），以便与陆、空军进行联合作战；同时还要加强海军与陆战队间的协同，以便执行沿海与海上机动作战，并提出了强化控制远洋通往沿岸的近海通道，以及可由海上直接提供支援的沿岸作战能力。

稍后在1994年9月提出的"前沿……从海上来"（Forward … From the Sea）纲领中，美国海军更强调了近岸作战与对陆攻击，第一次把支援近岸与陆上作战列为海军的首要任务之一，并把"前沿存在""前沿部署""前沿作战"等新概念纳入了海军战略。

下图：苏联瓦解后，后继的俄罗斯陷入政治混乱与经济困难，无力维持弹道导弹潜艇的战备巡逻，也让"海狼"级潜艇失去了作战目标，整个"海狼"级潜艇计划也失去着力点，存在价值成疑。图为1985年停泊于莫曼斯克（Murmansk）的5艘"台风"级弹道导弹潜艇，这种盛况在俄罗斯时代再也不复见。

右图与对页图：通过1992年的"……从海上来"与1994年"前沿……从海上来"两份战略纲领文件，美国海军表明了后冷战时代的转型方向，将从冷战时期的远洋舰队作战，转为近岸力量投射。

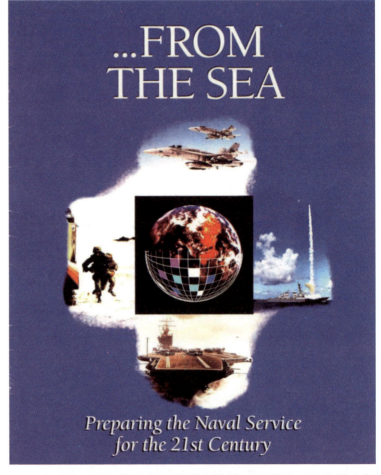

对于美国海军提出的支援联合作战、沿岸地区作战等全新作战需求来说，已经处于建造阶段的"海狼"级，并不被认为是可以调整、适应这些全新作战需求的平台。除此之外，直到20世纪90年代中期，"海狼"级潜艇计划仍一直深陷于设计与施工问题造成的时程延误与成本超支困境中，也让这种潜艇在财政上缺乏吸引力。

考虑到"海狼"级的性能特性，与美国海军新的战略目标有所脱节，建造数量遭到大幅度的裁减，也是无可避免之事。反过来说，面对完全不同的战略与政治环境，"海狼"级还能

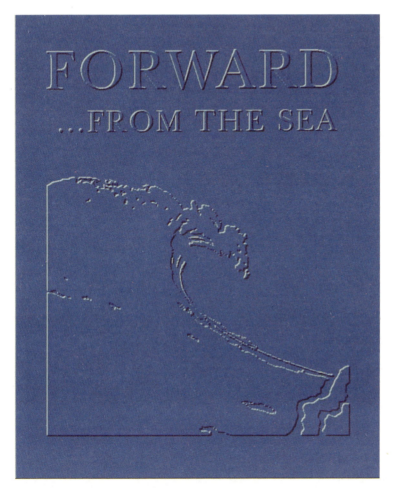

保有3艘的建造数量,已实属不易,虽然只相当于最初规划建造数量的十分之一,但比起切尼时期一度提出的削减为只剩1艘的构想,仍是好得多,总算不至于沦落到单艇成级的命运。

问题不断的"海狼"级潜艇计划

尴尬的是,当"海狼"级潜艇计划遭遇了政治上的阻碍,采购数量遭到大幅裁减时,"海狼"级潜艇计划本身的表现也不争气,船体建造工程问题连连,搭配的BSY-2战斗系统开发

"海狼"级攻击核潜艇

下图与对页图：电船公司承造"海狼"级潜艇时，受益于先前建造"俄亥俄"级弹道导弹潜艇时所扩充的厂房设施，以及模组化建造技术。下图为电船公司格罗顿船厂建造中的两艘"俄亥俄"级，前方船坞内为正在进行下水仪式的"西弗吉尼亚"号（USS West Virginia SSBN 736），后方露天平台上则为舾装中的"肯塔基"号（USS Kentucky SSBN 737）。对页图为格罗顿船厂的"三叉戟"弹道导弹潜艇建造设施图解。

工作不断拖延，计划进度比预定时程落后了2年以上，造成成本大幅上涨，也坐实了反对者对这项计划过于昂贵、不合时宜的批评。

事实上，"海狼"级的建造时程拖延问题其主要原因是发展策略规划与管理失当所致。

当电船公司于1989年10月25日正式开工建造"21世纪核攻击潜艇"首艇"海狼"号时，美国的潜艇产业界刚刚在20世纪80年代迎来一个高峰，拜先前的"俄亥俄"级与"洛杉矶"级计划之赐，电船公司与纽波特纽斯船厂已全面更新了厂房设施。

为了"俄亥俄"级弹道导弹潜艇的建造工程，电船公司升级了昆西特角与格罗顿两处的船厂基础设施；纽波特纽斯船厂也新建了一座厂房用于建造"洛杉矶"级潜艇。两家船厂拥

有规模庞大且富有经验的潜艇建造人力。这些基础设施将保证"21世纪核攻击潜艇"计划能够完成。

而当电船公司赢得"海狼"号的建造合约后,便利用昆西特角厂与格罗顿厂的设施进行"海狼"号的建造工作。

位于罗德岛的昆西特角厂与位于康涅狄格的格罗顿厂相距约25千米。昆西特角厂主要负责钢材加工与处理,电气、结构、管线的组装,以及部分舾装作业。最初的作业是切割钢板,并制成艇壳壳板与肋骨,然后焊接成耐压壳基本部件,接下来再将2~4个耐压壳基本部件焊接组成圆柱形艇壳单元。昆西特角厂的自动化加工设备可以制造直径达42尺的"俄亥俄"级艇壳,足以制造"海狼"级的40尺直径艇壳。不过,"海狼"级采用的HY-100高强度低合金钢,不同于"俄亥俄"级的HY-80高强度低合金钢处理工艺,需要采用新的加工处理与

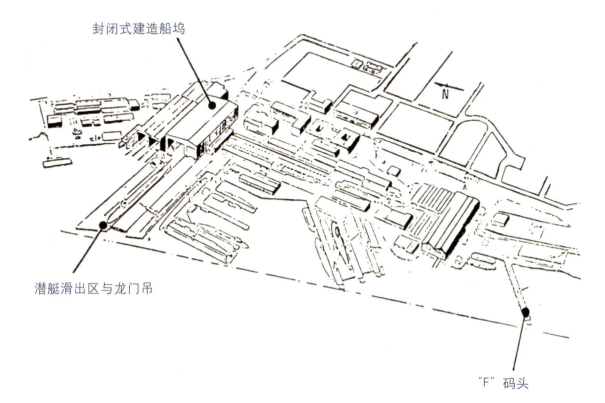

封闭式建造船坞

潜艇滑出区与龙门吊

"F"码头

焊接工艺。

除了制造圆柱形艇壳单元外，昆西特角厂也能用于艇壳内部的基本舾装工作（包括内部构造的组装作业、管路与设备的安装等），然后将完工的圆柱形艇壳单元，利用驳船从昆西特角厂运送到格罗顿厂，进行后续施工。

格罗顿厂是一座陆地潜艇建造厂，设有大型室内组装厂房以及露天的组装平台。昆西特角厂制造的圆柱形艇壳单元将送到格罗顿厂的室内厂房内进行进一步的舾装工作，并将所有设备都安装到艇体内，同时将多个圆柱形艇壳单元组装成潜艇艇体分段，然后将艇体分段运送到露天平台上，逐步焊接组成完整的艇体。最后，完工的潜艇艇体被送到浮动码头上送入船坞入水。

5 "海狼"级的诞生　141

但细部设计作业的延误导致"海狼"号的建造进度滞后。美国海军同意将"21世纪核攻击潜艇"细部设计分拆给纽波特纽斯船厂与电船两家船厂承包导致的副作用也逐一显露出来。

除了设计作业的延宕外，BSY-2战斗系统的开发延迟以及"海狼"号艇壳的HY-100高强度低合金钢焊接缺陷也影响了"海狼"号的建造进度，最终造成"海狼"号交舰时程的严重拖延。

细部设计的延误是影响建造进度的根本因素。没有细部设计图纸，船厂也无法进行建造工作；当建造工程开始后，美国海军又提出大量的变更设计要求，也影响了工程进度。而BSY-2战斗系统的开发延迟极大影响"海狼"号服役时的作战能力；至于艇壳的焊接缺陷则导致已经完工的艇段被迫进行费时且昂贵的全面检查与返工。

下图与对页图：随着美国海军大幅缩减了"21世纪核攻击潜艇"计划的采购规模，也导致许多次承包商退出这项已无利可图的计划，迫使作为主承包商的电船公司，必须以远高于预定成本的价格，来取得某些零部件。照片为电船公司厂房内组装的潜艇船壳（对页），以及船厂工人组装潜艇设备的情形（下）。

"海狼"级攻击核潜艇

设计作业延误的根源

造成"海狼"级设计延误的根本原因是美国海军将细部设计工作交给纽波特纽斯船厂与电船公司两家船厂共同执行,然而由于两家船厂的计算机辅助设计系统不相容,所以当电船公司赢得"海狼"号建造合约后,负责"21世纪核攻击潜艇"艇艏段细部设计的纽波特纽斯船厂必须将自身的设计图纸以及建造说明、材料清单与等设计资料转换为符合电船公司格式的工作包,这些格式转换工作耗费了不少时间。美国海军永无休止的设计修改要求进一步增加了工程的困难。

下图与对页图:由于美国海军对于HY-100高强度低合金钢的焊接工艺掌握的还不够充分,导致"海狼"号建造过程中,艇壳焊缝出现裂纹,导致必须全面返工检测与重新焊接,也造成"海狼"号建造进度进一步的拖延。照片为电船公司厂房内组装的"海狼"级潜艇(上),以及正在焊接的电船公司工人(下)。

当"海狼"号正式开工后,美国海军更动了多项原本已经确定的主要系统设计规格,甚至针对一些舰艇系统,要求电船公司重新设计与施工。截至1992年,美国海军便已核准了超过800项设计规格变更,造成1.8亿美元的设计费用追加。

1993年,审计署估计"21世纪核攻击潜艇"的细部设计成本上涨1700万美元,首艇"海狼"号的建造成本攀升了3.5%。

在"海狼"号的建造工程中,电船公司应用了先前建造"俄亥俄"级弹道导弹潜艇时所开发出来的自动化模组化建造技术。电船公司在昆西特角厂房建造大型圆柱形艇壳单元模组,然后再运送到电船公司的格罗顿厂区,将艇壳单元模组合

拢组装成完整艇体，并完成艇体内部的舾装与测试。电船公司最初的规划是打算在昆西特角就完成大多数的艇体内部舾装工作，由于细部设计图纸作业延迟，以致艇壳单元运离昆西特角时，舾装工程没有完成多少。

除了"21世纪核攻击潜艇"计划本身的问题外，"主要战舰审查"大幅削减了"21世纪核攻击潜艇"采购数量带来的相关次系统供应商的供应问题，进一步造成"21世纪核攻击潜艇"时程拖延。

"21世纪核攻击潜艇"计划设定将采购多达29艘潜艇（或30艘），着眼于这项庞大的商机，许多供应商都有兴趣参与计划。随着采购规模的大幅削减，许多次系统供应商已无法从"21世纪核攻击潜艇"计划中取得利润，不是破产就是转向其他业务，这导致美国海军与电船公司难以找到具备供货资格的供应商来提供"21世纪核攻击潜艇"计划需要的零部件。这也迫使电船公司必须以远高于预定成本的价格来自己制造零部件。

艇壳焊接缺陷问题

由于"21世纪核攻击潜艇"最初预定采用的HY-130高强度低合金钢相关工艺，赶不及"21世纪核攻击潜艇"首艇"海狼"号的建造工程。HY-100高强度低合金钢已成功应用在SSN 755与SSN 756等两艘"洛杉矶"级的艇壳插入段上，因此被认为是较低风险的技术，于是美国海军决定让"海狼"号改用HY-100高强度低合金钢建造。

然而，美国海军还未完全理解HY-100高强度低合金钢的焊条锭规格要求。原则上，必须依据碳含量与钢锭强度的关系来确定焊条规格，但美国海军并未依照试验资料来设定焊条锭规格，通过大量测试数据，只确定了规格下限。

在"洛杉矶"级艇段上，HY-100高强度低合金钢是使用符合低碳含量规格的焊丝来焊接。而在"海狼"号上，则使用了规格范围内的高碳含量焊丝,后来却发现这是不正确的。由于使用了不合适的焊条,再加上电船公司焊接程序中的缺陷,导致"海狼"号的艇壳焊接出现问题。

1991年1月18日,电船公司的焊接检验员在检查"海狼"号的焊缝时,发现核反应堆的屏蔽水箱中有4条HY-100高强度低合金钢的焊缝出现横向裂纹,电船公司立即通报美国海军,并做了相应的处理。稍后在1991年6月,电船公司发现最初完成的艇段中,壳体连接焊缝存在发丝裂纹,以致必须进行费时

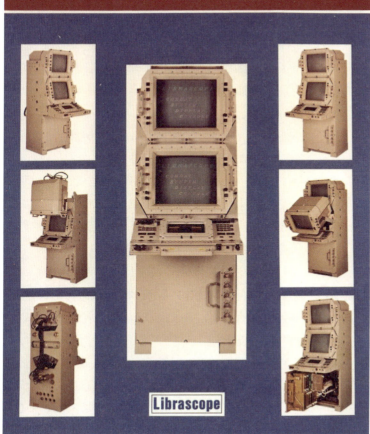

天秤座公司AN/BSY-2(SSN-21"海狼")作战系统综合显控台

左图:BSY-2主要的操作界面——战斗系统显示控制台图解。BSY-2战斗系统由通用电气公司担任主承包商,而包括VSDC控制台在内的控制与显示单元,则是由老牌的海军电子设备开发商天秤座公司负责。

的全面检测作业与大规模的返工。此时"海狼"号已完成17%的建造进度，而返工所涉及的工程量几乎等同于重新焊接"海狼"号的艇壳，其中一段有缺陷艇壳段只能改用钢制的夹具固定。

由于问题的根源是美国海军提供错误的焊条规范所致，所以美国海军承担了修复这些问题的责任，支付了检测与重新施工的费用，为此"海狼"号的成本增加了5882.5万美元。这项重大的施工错误进一步恶化了"海狼"号的成本超支与时程拖延，并招致国会的严厉批评。审计署预估这个事件造成的影响将导致"海狼"号的成本增加6860万美元，交付时程也延后1年。

问题重重的BSY-2战斗系统开发作业

基于先前发展"洛杉矶"级的BSY-1战斗系统经验，美国海军认为要完成"海狼"级的BSY-2战斗系统开发计划，只是中等风险的项目。

为了减轻时程上的风险，美国海军设定了6年半的时间，用于开发、测试、整合与交付BSY-2战斗系统的软件。

美国海军以14亿美元的价格，委托通用电气公司开发与制造3套BSY-2的低速率初始量产型。通用电气公司作为主承包商，天秤座公司负责显示与控制单元（含武器发火控制单元），马丁·马里塔公司则承包宽孔径阵列。

依照计划，第1套系统BSY-2的交付分为两个阶段。第1阶段于1993年11月交付所有的硬件以及86%的软件；第2阶段于1994年11月交付剩余的软件，并于1995年1月之前将完整的软件安装到"海狼"级首艇上。

第2套与第3套BSY-2则先用于开发测试与软件整合，将最终安装到"海狼"级2号艇与3号艇上。预估首套系统的成本为2.8亿美元，另两套的费用各为2.5亿美元。接下来海军还打算以9亿美元的价格采购额外3套BSY-2系统。至于为全部29艘

5 "海狼"级的诞生　147

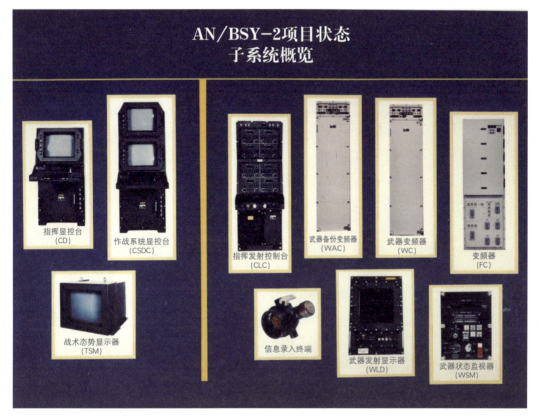

"海狼"级采购BSY-2系统，总经费预估为74亿美元。

　　早在美国海军刚启动BSY-2初步发展的1987年，审计署的评估便指出，美国海军低估了这套系统的开发风险。由于BSY-2的软件规模几近两倍于BSY-1，风险很高。此外，光纤汇流排的开发情况，也难以按计划提供BSY-2系统使用。

　　BSY-2的系统概念设计与发展计划在1985—1988年间完成，在1988—1990年，由主承包商通用电气公司领头开始系统的细部设计，在1990年10月通过关键设计审查，在1991年初，大部分关键项目进入生产。

　　但是在看似顺利的背后，事实上，当BSY-2开发计划启动一年多之后，整个计划遭遇了两大问题，一为BSY-2与"海狼"级的整合问题，二为BSY-2的系统软件开发问题。

上图：BSY-2主要的显示与控制单元硬体元件一览。由于BSY-2的开发时程，晚于"21世纪核攻击潜艇"细部设计开始时间，因此负责"21世纪核攻击潜艇"艇艏设计工作的纽波特纽斯船厂，是以美国海军提供的BSY-2暂定规格，来进行"21世纪核攻击潜艇"艇艏舱室的战斗系统布置设计。然后后来确定的BSY-2实际规格，与先前的暂定规格有很大差距，也导致纽波特纽斯船厂必须大幅变更"21世纪核攻击潜艇"艇艏设计来配合。

BSY-2与"海狼"级的整合问题

除了BSY-2战斗系统本身的设计问题外，在BSY-2与"海狼"的整合工作上遇到不少困难。

BSY-2在"海狼"号上的安装与配置，是由负责"21世纪核攻击潜艇"艇艏段细部设计的纽波特纽斯船厂负责。由于BSY-2的开发时程要晚于"21世纪核攻击潜艇"的细部设计开始时间，为了便于纽波特纽斯船厂的设计工作，海军在还没开始BSY-2的设计竞标之前，先以通用的战斗系统布置为基准，向纽波特纽斯船厂提供了BSY-2的一般性空间与重量资讯。

后来，通用电气公司在1988年3月赢得BSY-2开发合约，随着"海狼"号核攻击潜艇的开工，BSY-2系统也逐渐发展成熟，海军向纽波特纽斯船厂提供了更新后的BSY-2资讯。这时纽波特纽斯船厂才发现，BSY-2的重量与空间需求与海军早期提供的资料大不相同。纽波特纽斯船厂在1989年6月向海军通报了这个问题，表示该船厂必须为此重新设计"21世纪核攻击潜艇"艇艏的布置。

系统软件开发问题

BSY-2的系统软件被分为6个分别提供不同功能的线程，即使没有完整的BSY-2软件，潜艇也仍然能够运作，只是会缺少部分功能。

整个BSY-2的软件包含了297.9万行程序代码，总规模达到360万行程序代码。在主承包商通用电气公司的管理下，分别由7个单位负责开发，其中4个单位属于通用电气公司旗下，另3个单位则属于次承包商。

为了解决军用系统的程序语言庞杂、不相容等问题（在20世纪80年代初期，美国军方使用的程序语言多达400种以上），美国国防部经过8年时间的发展后，在1983年2月颁布了关于Ada语言的MIL-STD-1815A规范（Ada 83），正式指定Ada为标准军用程序语言，并指示将这种语言用于所有新的关

5 "海狼"级的诞生　149

上图：BSY-2战斗系统的硬体部分大致按时完成开发与交付，但是系统软件部分，则因缺乏足够的Ada语言编程人力，而陷入开发进度落后。照片为正在测试BSY-2战斗系统显示控制台的天秤座公司工程人员。

键任务系统软件开发，要求自1984年7月以后，美军所有的计算机系统都要使用Ada语言。而于1988年启动全面开发的BSY-2战斗系统，其系统软件自然也被要求以Ada语言来编撰。

Ada这种新的标准程序语言可以确保软件的相容性，日后可以在更高效能的计算机上运行，而无须重新编写。但问题在于，Ada是针对军用目的发展出的程序语言，并不是商业主流，需要专门培训程序撰写人员，因此撰写时间较长，开发成本也高。

在早期的规划中，BSY-2的系统软件只有5%～15%的比例是以Ada语言编写。到了最后，在360万行软件程序代码中，有220万行都是由Ada语言编写，占了60%以上的比例，对Ada编程人力的需求也大幅增加。早在1989年时，审计署便曾警告，需要900名Ada语言软件工程师才能满足BSY-2这样大规模的

"海狼"级攻击核潜艇

Ada软件系统开发需求，但通用电气公司难以获得足够的人力，势必影响到BSY-2的开发进度。

在20世纪80年代后期到90年代初期，为了应对国防部指定Ada语言作为军用关键系统标准程序语言的要求，美军需要大量的Ada语言开发人员，但美国缺乏足够的Ada语言编程人力来满足Ada语言软件开发计划，这也导致BSY-2的软件开发陷入困难，延误了BSY-2系统的发展。

由于软件开发的问题，启动开发作业不过1年半之后，通用电气公司在1989年12月时便通报海军，表示首套系统的交付时间可能会延迟12~16个月。

此时，"海狼"号艇壳焊接缺陷造成了严重的建造进度拖

下图：由于BSY-2战斗系统的软件开发进度落后，当"海狼"号于1996年夏季开始进行船厂测试，并于1997年中交付给美国海军时，BSY-2都只安装了最低限度功能的第1阶段软件，还不具备完整的作战能力。照片为1996年9月在大西洋试航的"海狼"号。

延，几乎完全吸收了BSY-2方面落后1年以上的开发进度，让BSY-2一度有机会赶上"海狼"号的服役时间。

然而BSY-2开发过程适逢冷战结束，作为BSY-2主承包商的通用电气公司海军部门在这期间内历经多次并购，先是在1993年并入马丁·马里塔公司，稍后马丁·马里塔又于1995年与洛克希德合并成为洛克希德·马丁公司。频繁的公司合并与人事更迭，给BSY-2开发作业带来了负面影响。

面对BSY-2软件开发的困难，在20世纪90年代初期承担开发作业的马丁·马里塔公司，为了简化开发作业，决定将BSY-2软件拆分为113个"建构模组"（building blocks），每个模组平均包含3万行程序代码，最大不超过7.5万行程序代码，希望加快开发速度。

这个新策略发挥了一定效果，用于BQG-5宽孔径阵列声呐的Thread 3软件单元，于1993年9月完成整合与测试，Thread 4软件单元于1994年5月测试、Thread 5软件单元于1994年8月测试，Thread 6软件单元于1995年8月测试，但最终还是赶不上"海狼"号的服役时程。

拖延的交付时程

依原计划，BSY-2承包商应于1993年11月交付首套原型系统。由于软件开发进度落后，交付时间先是拖延到1994年6月，实际上则拖延到1995年2月才交付安装到"海狼"号上。

至于BSY-2软件部分，洛克希德·马丁公司在1995年7月交付了第1阶段软件，接下来BSY-2于1996年夏季完成了初步测试，但洛克希德·马丁公司没有赶上原定于1996年10月的第2阶段软件交付时程。当"海狼"号在1997年夏季交美国海军服役时，舰上搭载的BSY-2战斗系统只具备最低限度要求的第1阶段软件功能，日后才能将软件升级为完整功能的第2阶段版本。

继用于"海狼"号的第1套BSY-2之后，用于"21世纪核攻击潜艇"2号艇"康涅狄格"号的第2套BSY-2于1997年10月交付给电船公司。

随着"海狼"级采购数量削减为3艘，BSY-2战斗系统的采购数量变成3套。据说美国海军曾于1995年8月批准采购第4套，但稍后又取消。

消弭争端的措施

在"海狼"级的设计与建造过程中出现了大量的设计更动需求，进而导致严重的时程拖延与成本增加。但出人意料的是，美国海军与承包商之间仍继续顺利合作，并未出现激烈的争端或是法律诉讼。这种"和谐"的关系是因为双方事先妥当安排了对于设计更动需求的处理措施。

当初纽波特纽斯船厂与电船公司竞标"21世纪核攻击潜艇"首艇建造合约时，两家船厂都对于海军惯常在首艇建造过程中频繁更动设计表示过忧虑。

于是为了消除船厂方面的疑虑，经过协商后，海军与两家船厂达成了关于修改设计的协议条款。如果海军提出的变更设计要求属于"非偏差图纸"[1]，那么承造厂商有权提高合约价格，以便实施这些设计变更后的工作。

事实证明，这项关于设计变更的条款非常有效。在"海狼"号建造过程中，海军虽然针对发现的种种设计缺陷提出了成千上万的修改要求，例如将原本设计的钛合金制鱼雷管舱门，改为HY-100高强度低合金钢制舱门等，但凭借这项条款与审查程序，电船公司仍迅速实施了相关设计更动，而不再像先前"俄亥俄"级与"洛杉矶"级建造过程中产生诸多争议。

---

[1] 美国海军的舰艇建造蓝图分为一般图纸与"非偏差图纸"，其中"非偏差图纸"特别要求船厂必须准确依照设计图纸施工；而一般图纸则留给船厂一定的施工调整余地，例如管线与缆线槽的布置。以先前的"俄亥俄"级弹道导弹潜艇计划来说，在总数10634张设计图纸中，有4709张是属于"非偏差图纸"。

"海狼"的诞生

自"21世纪核攻击潜艇"首艇"海狼"号于1989年底开工以来,到1993年为止,美国海军一共4次修改了"海狼"号的建造时程,到了"海狼"号于1997年7月19日正式服役时,已经比原定时程晚了25个月,成本也大幅增加45%[1]。

事实上,美国潜艇建造工程延误是家常便饭,先前在20世纪80年代中后期,"洛杉矶"级潜艇的建造工程曾发生严重的延误,拖延时间甚至比"海狼"号还更长。举例来说,在全部23艘改良型"洛杉矶"级中,有15艘的实际交付时间比原始合约时间延误20个月以上,有3艘还拖延了30个月以上。

但问题在于,"洛杉矶"级的建造处于冷战时期,在苏联威胁的压力下,美国政界与海军能容忍"洛杉矶"级的建造延迟,继续支持采购"洛杉矶"级的计划。而到了"海狼"号建造时,随着苏联威胁也不复存在,削减军费、享受"和平红利"成为世道主流,外界也不再能够容忍"海狼"号因时程拖延而导致的成本上涨。

造成"海狼"号进度拖延的关键原因,是开工初期时的设计成熟度不足,以及建造过程中不稳定的设计与规格变更。具体来说,包括:

◆未能在"海狼"号开工之前,完成细部设计图纸。
◆部分规格设定失当,以致在开工之后又被迫调整设计规格。尤其是属于"政府供应装备"的BSY-2战斗系统也发生了这类的情况。
◆在纽波特纽斯船厂准备提供给电船公司的工具包过程中,遭遇了问题。

---

[1] "21世纪核攻击潜艇"计划最初设定的首艇服役时间,是1994年底到1995年初,而在实际签订"海狼"号建造合约后,海上系统司令部在《造舰与改装季度进度报告》(*Quarterly Progress Report for Shipbuilding and Conversion*)中,首次列出的"海狼"号预定完工日期是1995年5月26日。

◆艇壳发现焊缝缺失,必须返工重新焊接。

◆使用了不成熟的技术。

自1989年11月开工到1997年7月交付服役,"海狼"号的建造耗费了7年半时间。在吸收了"海狼"号的经验后,2号艇"康涅狄格"号的建造工程缩短到6年3个月,即使是引进大量设计更动的3号艇"吉米·卡特"号(USS Jimmy Carter SSN 23),建造时间也只有6年3个月。

但潜艇服役,并不代表自此便具备了实际作战能力,由于"海狼"号引进了大量新技术与新装备,因此在服役后又花了许多时间进行额外测试与调整。

例如"海狼"号在1996年7月3日—7月5日的首次试航中,发生了多组宽孔径阵列受损的事故[1],还出现高速航行时无法打开鱼雷管外壳门(shutters)的问题。当时"海狼"号以超过25节的航速航行,结果艇体承受的水压导致鱼雷管前端的外壳门无法开启,不过"海狼"号可以先降低航速、待打开鱼雷管外壳门后,再

右图:照片为1997年7月19日于电船公司格罗顿船厂举行的"海狼"号服役典礼,"海狼"号原定的交舰日程是1995年5月,最终拖延了2年多时间,才交付美国海军服役,建造时间长达7年半。然而由于舰上许多次系统还需要进一步的测试与调整,直到4年后的2001年6月,"海狼"号才开始首次作战部署。

---

[1] 在"海狼"号的首次试航中,宽孔径阵列受损的原因,一部分是本身设计不当,另一部分原因是当时"海狼"号的艇壳尚未敷设消音瓦,导致宽孔径阵列直接承受了比预期更大的水流冲击。

5 "海狼"级的诞生 155

"海狼"级攻击核潜艇

上图与对页图：吸收了"海狼"号的建造经验，"海狼"级2号艇与3号舰的建造时间都有明显缩短，只用了6年3个月便完工。上图为在电船公司船台上的"海狼"级2号艇"康涅狄格"号，对页图为"海狼"级3号艇"吉米·卡特"号。

加速到高速下发射鱼雷[1]。

"海狼"号在1997年7月交付美国海军后，也仍存在许多问题，例如在2000年秋季时，"海狼"号便因高压空气系统相关的焊接问题而导致测试一时停摆。另外在"战斧"导弹发射功能、泵喷射推进器与声呐方面也存在问题。待这些问题逐一解决后，直到2001年6月，"海狼"号终于展开首次海外作战部署，此时距离"海狼"号的开工，已经过了近12年时间。

类似的，在1998年12月11日服役的"海狼"级2号艇"康涅狄格"号[2]，同样也需要额外的船厂修改与调整才能被认可具备作战部署能力。"康涅狄格"号最终在2002年5月执行了首次作战部署，足足花了3年半的调试时间。

至于"海狼"级的3号舰"吉米·卡特"号，当该舰于1998年12月5日开工时，电船公司对建造工艺的掌握更为充分，原计划只需3年便能完工。但开工1年后，美国海军临时变更了任务需求，在艇身嵌入了一段100尺长、称做"多任务平

---

[1] 某些资料指称，"海狼"级的鱼雷管外壳门采用的是与"鲟鱼"级攻击潜艇相同的设计，这意味着"海狼"号的鱼雷管外壳门采用的是滑动式开闭机构。而这种滑动式外壳门本身便存在无法承受高速水压冲击、难以在高速下开启的老问题。因而在"洛杉矶"级上，便改用转动式开闭的鱼雷管外壳门，解决了承受高速水压与高速下开启的问题。但不清楚"海狼"级为何改回使用老设计，也不清楚美国海军最后如何解决"海狼"级的这个问题。

[2] "海狼"级2号艇"康涅狄格"号是美国海军第1艘以州名命名的攻击潜艇，州名是美国海军舰艇最高规格的命名。在此之前，只有战列舰、6艘导弹巡洋舰，以及17艘"三叉戟"弹道导弹潜艇，能获得这种等级的命名荣誉。

台"（Multi-Mission Platform，MMP）的特殊任务艇段，因而多花了40个月才完成，服役时间从2001年底延后到2005年初[1]。

美国海军最初估算建造29艘"海狼"级的总成本为380亿美元，到了1999年，已缩减为3艘的"海狼"级潜艇计划总开支为160亿美元，这也让"海狼"级成为除了核动力航空母舰以外，美国海军最昂贵的舰艇。整个"海狼"级采购计划，随着3号艇"吉米·卡特"号于2005年2月19日交付，而宣告全部结束。

---

[1] "海狼"级3号艇"吉米·卡特"号，是美国海军第1艘以前任总统姓名命名的攻击潜艇。在此之前，只有6艘航空母舰以及12艘"北极星"弹道导弹潜艇获得这种高等级的命名荣誉。值得一提的是，第32任美国总统富兰克林·罗斯福（Franklin D. Roosevelt），除了被命名为"中途岛"级（Midway Class）航空母舰2号舰（CVB 42），稍后在20世纪90年代，罗斯福与其夫人的姓氏，也被用于命名"伯克"级驱逐舰第30号舰"罗斯福"号（DDG 80）。

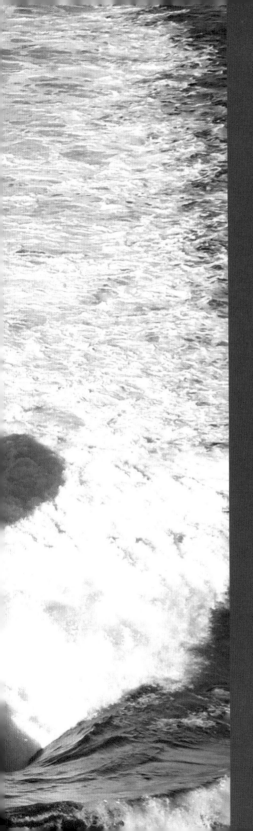

"海狼"级的得与失

"海狼"级的得与失——生不逢时的终极冷战型攻击潜艇

"海狼"级是美国海军在冷战时代规划与设计的最后一种核攻击潜艇,它随着冷战的结束而失去用武之地。

"海狼"级的设计强调反潜,设定的主要任务目标,是侵入苏联重重设防的堡垒海域,猎杀潜伏于其中的苏联弹道导弹潜艇,为了执行这个任务,"海狼"级拥有空前的航速、静音,以及火力性能,但也带来成本昂贵、技术不成熟等代价。

当苏联瓦解后,美国海军的作战对象和作战环境都发生翻天覆地的变化,并且美国海军受到的预算限制也越来越大。尽管"海狼"级具备优异的性能,但作战目标却不再存在,反而显得性能过剩,不值得付出如此高昂的成本。这也导致原本预定作为新一代主力潜艇的"海狼"级,与新时代的氛围格格不入,最终只以少量建造3艘收场。

尽管建造数量减少到只有原定计划的十分之一,但"海狼"级的性能,堪称美国海军攻击潜艇发展的顶点,在潜艇技术史上占有重要位置。"海狼"级的许多设计特性与次系统也被沿用到后继的"弗吉尼亚"级潜艇上,这让"海狼"级成为横跨

"海狼"级攻击核潜艇

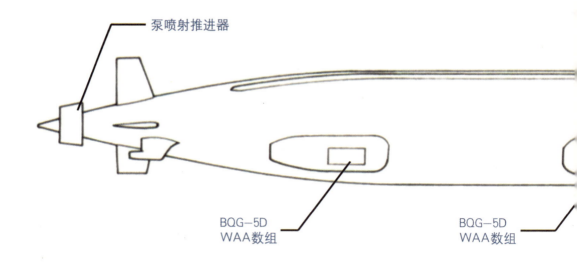

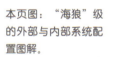

本页图："海狼"级的外部与内部系统配置图解。

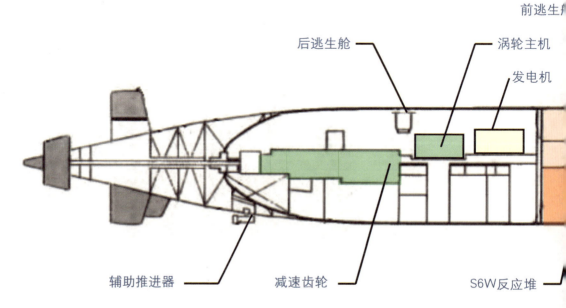

6 "海狼"级的得与失　　161

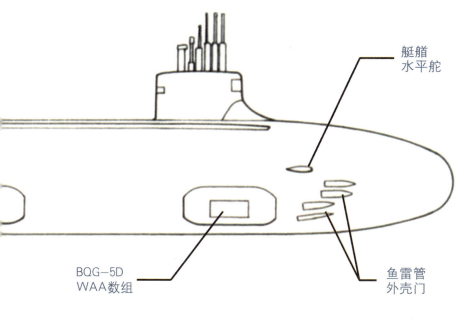

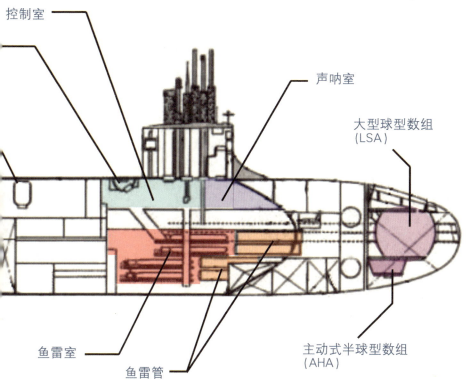

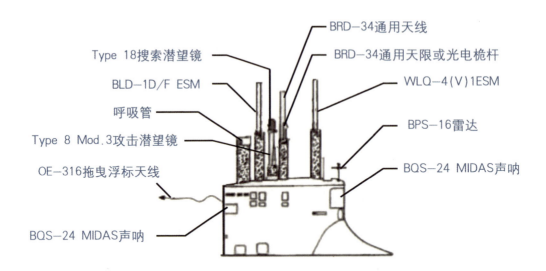

上图:"海狼"级的围壳与桅杆配置图解。

"海狼"级沿用了"洛杉矶"级的潜望镜与通信天线配置,但凭借较大的围壳尺寸,比"洛杉矶"级多容纳了1根天线桅杆(5根对4根),得以配备更完整的电战系统天线。

战与后冷战时代,美国海军潜艇发展史上承先启后的角色。除此之外,"海狼"级潜艇计划的管理经验也给日后美国海军潜艇计划提供了帮助。

美国攻击潜艇技术的巅峰

"海狼"级可说是自从20世纪50年代末期"鲣鱼"级以来,美国海军第1种全新的攻击潜艇设计,从艇壳构型、耐压壳材料、核反应堆、推进器、感测器到武器系统,都是全新的规划与技术。而"鲣鱼"级以后的"长尾鲨"级、"鲟鱼"级与"洛杉矶"级,都或多或少地沿袭了上一级潜艇的设计或次系统,不像"海狼"级带有如此全面的设计变革。

"海狼"级的潜航排水量达到9137吨,在海军部长莱曼在1986年设定的9150吨上限之内,但仍比"洛杉矶"级大了30%。"海狼"级是美国海军当时最大的攻击潜艇。当"海狼"级潜航时,有大约150吨海水会注入艇艏声呐罩内,从而会让潜航排水量增加到大约9300吨[1]。

"海狼"级的艇体长度与"洛杉矶"级相当（353英尺对360英尺），但艇壳直径为40英尺（"洛杉矶"级为33英尺）。在当时，"海狼"级的艇壳直径仅次于"俄亥俄"级的42英尺，也让"海狼"级拥有较先前攻击潜艇更小的长宽比，体型较为肥满，更接近水下阻力最小的理想船型[2]。

而美国海军实际建造的潜艇中，最接近这个理想比值的，是"大青花鱼"号试验潜艇与"白鱼"级（Barbel Class）柴电攻击潜艇，两者的长径比分别为7.47与7.55。而在核攻击潜艇中，长径比最理想的则是"鲣鱼"级的7.88，但之后的攻击潜艇，考虑到成本、内部容积与内部配置便利性等需求，长径比越来越偏离理想值，"长尾鲨"级为8.79、"鲟鱼"级为9.22，"洛杉矶"级更达到10.96。直到"海狼"级，才又将长径比降到8.82。

"海狼"级采用美国潜艇典型的单壳式设计，搭配单轴推进，控制面设计类似先前的改良型"洛杉矶"级，包括2组艇艏水平舵，以及由十字形尾舵加上2具两面鳍（dihedral fins）所构成的6面式艇艉控制面。其中艇艏水平舵可折收回艇内，利于突破冰层，以符合北极圈极地的作战需求。

"海狼"级的耐压壳采用类似"洛杉矶"级的简化圆柱构型，没有"鲟鱼"级以前潜艇的艇艏瓶颈与艇舯蜂腰设计，凭借比"洛杉矶"级扩大20%的艇壳直径，加上紧致的S6W核反应堆——功率比"洛杉矶"级的S6G核反应堆提高50%，但核

---

[1] 多数潜艇在海上航行时，都会将声呐罩充水，并将水封闭于其中，以便让声呐利用水作为传声介质。"海狼"级为了将排水量规格压低在海军部长莱曼设定的上限内，当潜航时，声呐罩为向海水开放，所以进入声呐罩的海水，不计入排水量规格内。

[2] 依据美国海军舰船局（BuShips）于1946年开始的"潜航高速潜艇计划"（Submerged High Speed Submarine Program）中，利用大卫·泰勒船模试验水池（David Taylor Model Basin），进行了58系列模型试验。试验表明潜艇艇壳的长径比（长度与直径的比值）最佳值则是6.8，在6~9也都可接受。

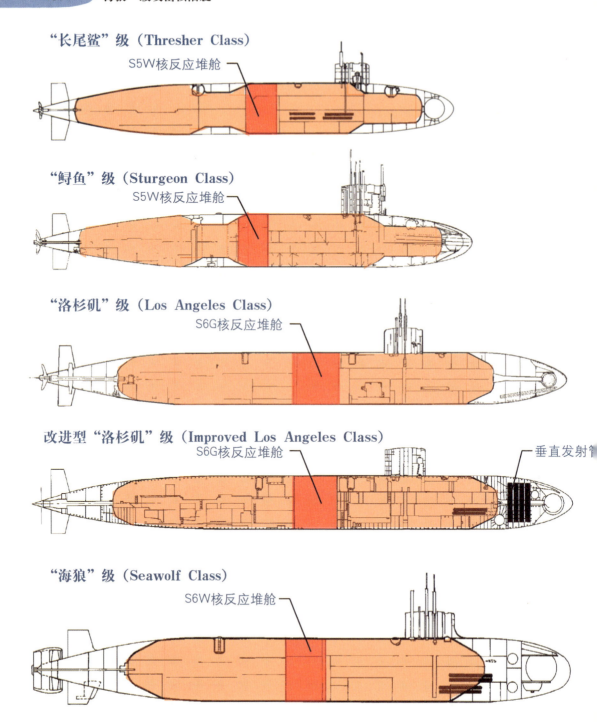

反应堆舱占用的艇身长度反而较短,因而"海狼"级耐压壳内部容积与可用空间,都远高于"洛杉矶"级,从而大幅提高了武器搭载能力,也改善了乘员居住性。

"海狼"级更大的艇体内部空间,不仅可以配置更多的鱼雷管与武器搭载,并且能将所有武器都容纳在耐压壳内,不像改良型"洛杉矶"级需另外在耐压壳外部设置垂直发射管,来提高武器携载量。

另一方面,"海狼"级的编制乘员数量还略少于"洛杉矶"级(138人对143人),再结合更大的耐压壳容积,也显著缓解了乘员居住空间紧张问题,不再像"洛杉矶"级般,住舱铺位比乘员编制少了40%,以致多数乘员都必须睡热铺。

"海狼"级采用的S6W核反应堆也是美国海军核反应堆发展史上的一个里程碑,除了具备紧致与高功率的特性外,还是第1种在整个潜艇寿命周期内,都无须更换炉芯燃料的"一次性"核反应堆,也就是"艇-堆同寿"的概念。

众所周知,核反应堆炉芯换料是一项非常昂贵的工程,如果潜艇在役期内无须更换炉芯燃料,那么将极大降低寿期循环成本。如此一来,即便初始采购成本较为昂贵,整体来说也是可以接受的。

自第1艘核潜艇"鹦鹉螺"号起,美国海军的核反应堆工程师便一直致力于延长堆芯寿命,并取得了显著成果。以"鹦鹉螺"号来说,在25年的服役期间内,便为其S2W核反应堆更换了5次堆芯燃料,2~5年换料一次;到"洛杉矶"级时,在超过30年的役期内,只需为其S6G核反应堆更换1次燃料,15~18年才需换料。而从"洛杉矶"级后期型起,美国海军以寿命更长的D2W堆芯取代早期使用的D1G堆芯,寿命从15年延长到30年,初步实现了"艇-堆同寿"的目标。

而"海狼"级的S6W核反应堆是第1种在开发阶段便以"艇-炉同寿"概念来设计的潜艇核反应堆。

在早期的概念设计阶段,美国海军曾打算为"海狼"级采

对页图:美国海军攻击潜艇耐压壳构型演变:从"长尾鲨"级到"海狼"级
"海狼"级的耐压壳延续了"洛杉矶"级的简化圆柱构型,没有"鲟鱼"级以前潜艇耐压壳的艇艏瓶颈段,与艇舯蜂腰段。"海狼"级的艇身长度与"洛杉矶"级相仿,耐压壳长度稍短于"洛杉矶"级,但直径大了21%,耐压壳内部容积较"洛杉矶"级增大许多。再加上"海狼"级的S6W核反应堆尺寸紧致,核反应堆舱占用的艇身长度较短,让"海狼"级拥有更大的内部可用空间,既提高了武器搭载能力,也改善了乘员居住性。
凭借较大的耐压壳容积,"海狼"级的鱼雷管与武器搭载数量都高于"洛杉矶"级,而且所有武器都容纳于耐压壳内,不像改良型"洛杉矶"级,必须在耐压壳外设置垂直发射管来提高武器搭载量。

"鲣鱼"级
(Skipjack Class)

"长尾鲨"级
(Thresher Class)

"鲟鱼"级
(Sturgeon Class)

"洛杉矶"级
(Los Angeles Class)

"海狼"号
(SSN 21)

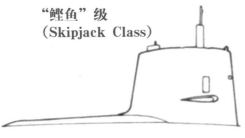
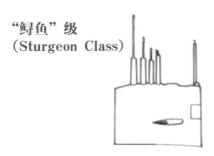

用类似苏联潜艇的流线形指挥塔围壳,但最后改回美国潜艇传统的围壳构形。尽管如此,"海狼"级的围壳设计仍开创了一个新典范。

"海狼"级略微放大了围壳尺寸,以解决"洛杉矶"级围壳容积受限无法容纳足够桅杆设备的问题。另一方面,"海狼"级在围壳前方根部增设了小型的楔形填角构造,作为减阻、降噪之用,较好地兼顾了围壳内部容积需求以及围壳减阻,建造成本也远低于苏联潜艇流线形围壳,因而成为潜艇围壳设计的经典构型。

"海狼"级虽然改用规格较低、工艺较为成熟的HY-100高强度低合金钢,但是在美国海军潜艇历史上仍然是一个突破。它成为美国海军第1种全面采用HY-100高强度低合金钢建造的潜艇。而"长尾鲨"级到"洛杉矶"级等美国海军潜艇采用的是HY-80高强度低合金钢[1]。

"洛杉矶"级中两艘作为HY-100高强度低合金钢试验舰的舰名,不同文献的记载有异。弗里德曼的《1945年后美国海军潜艇》2018年修订版,记载为"迈阿密"号与"斯克兰顿"号等两艇;而波尔玛的《美国海军舰队舰艇与飞机年鉴》(The Ships and Aircraft of the U.S. Fleet)第18版(2005年),则记载为"阿尔巴尼"号(USS Albany SSN 753)与"托皮卡"号(USS Topeka SSN 754)两艇。

美国海军曾打算在后期建造的"海狼"级上恢

---

[1] 上一代的"洛杉矶"级中,有两艘被选为HY-100高强度低合金钢的试验舰,在部分艇壳上使用了HY-100高强度低合金钢建造。但"海狼"级是第1种全面采用HY-100高强度低合金钢建造的潜艇。类似的,美国海军其实在"鲣鱼"级便开始局部使用HY-80高强度低合金钢,下一代的"长尾鲨"级才完全以HY-80高强度低合金钢建造,以确保获得更大的潜深。

复使用HY-130高强度低合金钢,以获得更大的潜深能力,但随着"海狼"级潜艇计划缩减到只剩3艘,这个想法也无疾而终。

核攻击潜艇的性能顶点

相较于"洛杉矶"级,"海狼"级最显著的特色便是优越的平台性能,无论是航速、潜深,还是静音性,都较"洛杉矶"级胜出一筹。

"海狼"级的设计航速可超过35节[1],在首艇"海狼"号于1996年7月3日的首次试航中,据称达到40节航速。虽然"海狼"号在首次试航时,还不是日后正式服役的标准状态(如尚未敷设完整的消音层,也不是在预设的测量航程内),不算是海军官方的标准试航,但仍充分展现了"海狼"级的高航速能力。

当时参与"海狼"号首次试航的海军核动力推进计划总监德马斯上将,声称"海狼"号是美国历来航速最高的潜艇:"今天,这个国家拥有了世界上最快、最安静、武装最强的潜艇。"

而"海狼"级实现高航速的关键,便在于引进了兼具高功率与紧致的S6W核反应堆作为动力来源。依照德马斯的说法,比起"洛杉矶"级的S6G核反应堆,S6W的输出功率有50%的改进,而重量只增加了10%[2]。

更进一步,"海狼"级不仅是航速快而已,还同时兼具了静音性。依照美国海军官方的说法,"海狼"级的辐射噪声水平低于以往核潜艇。在1985年4月2日的众议院拨款委员会听证中,美国海军负责研发的首席副部长助理坎恩(Gerald Cann)表示,如果"21世纪核攻击潜艇"计划能达到预定的声

对页图:美国海军攻击潜艇围壳构型演变。

"鲣鱼"级沿袭了"茄比"(Guppy)级以来早期的美国潜艇围壳风格,围壳尺寸相当大,有充裕的空间可以容纳桅杆等装备,但也形成较大的阻力。接下来的"长尾鲨"级则为了减少阻力,大幅缩减了围壳尺寸,虽然达到减阻目的,但也带来许多副作用,如围壳内部空间不足,只能配备1具潜望镜(而非标准的两具),通气管位置也不佳,而且围壳高度过低,导致维持潜望深度航行十分困难。于是在后续的"鲟鱼"级上,又放大了围壳尺寸,以便容纳类型更完整的潜望镜与天线设备。

而到了"洛杉矶"级,为了追求高速性能,缩小了围壳尺寸,导致围壳内部空间不足,只能配备4根天线桅杆,少于"鲟鱼"级的6根;围壳高度也过低,无法让围壳水平舵竖起,影响到北冰洋活动能力。

于是在"21世纪核攻击潜艇"上,便放大了围壳尺寸,可以比"洛杉矶"级多配备1根天线桅杆,在围壳前方根部增设小型的楔形填角构造,作为减阻、降噪之用,兼顾围壳内部设备容积与围壳减阻的双重需求。

---

[1] 在1985年3月5日的众议院拨款委员会听证中,当时的美国海军作战部长沃特金斯证实,"海狼"级的设计航速是35节。

[2] 依据1990年3月20日众议院武装部队委员会听证会德马斯的证词。

上图:"海狼"级拥有优秀的北极圈活动能力,照片为突破冰层上浮的"海狼"级2号艇"康涅狄格"号。

学技术目标,"那么苏联……在静音方面仍将落后我们5到10年"。

掌管美国海军核反应堆研发的德马斯曾向国会声称,当"海狼"级以静音航速航行时,就和停靠在码头上的"洛杉矶"级一样安静。一般认为,"海狼"级的静音战术航速可超过20节,而当时预估苏联潜艇的静音战术航速不过只有6节[1]。

凭借美国海军攻击潜艇史上最大直径的艇壳,"海狼"级有充分的空间冗余,可以设置更完善的降噪减震措施,以提供更好的静音效果。例如艇壳的隔音层同时设置了内部与外部两层,通过内部隔音层来隔绝内部系统与外部环境,以减少从潜艇内部传递到外部海洋环境的噪声;而构成外部隔音层的消音瓦,除了能进一步减少从潜艇内部传递到外部环境的噪声,还

---

[1] "海狼"级的战术航速是机密,只有一些间接的资料。在1989年众议院委员会所属海权与战略物资次委员会听证会纪录中,众议员梅希蒂(R. K. Machtley)曾表示"海狼"级的静音航速至少比"洛杉矶"级高出40%。著名海军专家波尔玛在其主编的《美国海军舰队舰艇与飞机年鉴》中声称,当时的海军作战部长沃特金斯曾透露,"海狼"级的静音航速将大于20节。《简氏舰艇年鉴》(Jane's Fighting Ship)记载的"海狼"级静音战术航速是20节,另一些资料则有更高的数字记载,如齐默尔的《21世纪潜艇技术》(Submarine Technology for the 21st Century)(1997年版)给出的数字为25节。

6 "海狼"级的得与失

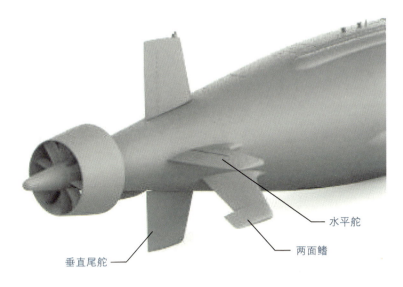

左图："海狼"级艇艉控制面图解。
由4面垂直尾舵，加上左右两具两面鳍，组成6面式的尾舵组，稳定性优于传统的十字形尾舵，控制性优于X形尾舵。

垂直尾舵
两面鳍
水平舵

能降低遭到敌方主动声呐接触时的响应信号。

　　基于追求静音性的目的，"海狼"级改用泵喷射推进器替代传统螺旋桨，可减少空蚀与其他传统螺旋桨导致的噪声源。代价是泵喷射推进器的导管与定子等构造会带来额外的阻力与重量，纵向稳定性和推进效率比不上新型的开放式螺旋桨推进器。但衡量得失，引进泵喷射推进器仍是有价值的选择。凭借高功率的S6W核反应堆，即便泵喷射推进器会损耗较多的推进功率，"海狼"级核攻击潜艇仍能具备足够的航速性能。

　　除了被动式的降噪手段以外，据说"海狼"级还应用了主动式降噪技术。通过异相发射（out-of-phase emissions）技术控制发散到海水中的噪声频率，以配合环境噪声的特性，避免出现"噪声黑洞"现象（"噪声黑洞"是指非常安静的潜艇在嘈杂的海洋背景噪声中反而被突显出来，以致因此遭到发现）。

　　"海狼"级的潜深性能从"洛杉矶"级的950尺等级（290米），恢复到以前"长尾鲨"级、"鲟鱼"级的1300尺等级

(396米)[1]。

性能空前的武器系统

除了潜艇平台性能之外,"海狼"级核攻击潜艇也具备了性能空前的武器系统,依据资深潜艇军官出身的前任海军资材司令部指挥官惠特尔上将(Alfred J. Whittle Jr.)的说法,"海狼"级拥有全新武器发射器与感测器构成的战斗系统,是过去20多年以来,针对潜艇"前端"设计的第一项重大改进[2]。

[1] 关于"海狼"级的测试潜深,如《简氏舰艇年鉴》(Jane's Fighting Ship)与《战斗舰队》(Combat Fleets)年鉴的记载,都是1950尺(594米)。国际预测公司(Forecast International)的报告《军舰预告:SSN 21"海狼"级》(Warship Forecast: SSN 21 Seawolf Class)(2007年版)》则记载为2000尺(610米)以上。

[2] "前端"指的是核反应堆舱前方的艇艏段部分,包含了指挥管制系统、鱼雷管与主要的声呐侦测设备。

下图:"海狼"级的平台性能,位居美国海军攻击潜艇的顶点,无论航速、静音性还是潜深性能,都是历来美国海军攻击潜艇之冠。照片为航中的"海狼"号核攻击潜艇。

◆鱼雷管

针对将反潜作战列为首要任务的需求设定,"海狼"级的主要武装是8具26.5英寸直径(670mm)规格的Mk 69鱼雷管,无论是鱼雷管配置数量还是鱼雷管直径规格,都是美国潜艇之最。

就鱼雷管配置数量来说,第二次世界大战后服役的美国潜艇中只有"巴劳"级(Balao Class)与"茄比"级潜艇拥有10具鱼雷管,但这些潜艇都是6具艇艏鱼雷管加上4具艇艉鱼雷管的配置,其中4具鱼雷管是使用限制颇多的艇艉鱼雷管。至于后来的"刺尾鱼"级(Tang Class)与"鳐鱼"级(Skate Class)都配备了8具鱼雷管,但采用的配置是6具艇艏鱼雷管加上2具艇艉鱼雷管。

因此"海狼"级的8具艇艏鱼雷管配置,在美国海军潜艇

下图:"海狼"级配置了8具26.5英寸(660mm)的Mk 69鱼雷管,是自从美国海军于20世纪20年代引进21英寸鱼雷管以来,首次引进新的鱼雷管直径规格,图为"海狼"号的鱼雷管后膛门。

"海狼"级的航速性能

在"21世纪核攻击潜艇"计划刚启动不久的20世纪80年代中期,当时媒体是这样描述这种新潜艇的动力与航速性能:它将搭载输出功率达60000马力的新型核反应堆,并拥有美国潜艇空前的高航速,甚至可达40节。

从美国海军作战部长沃特金斯1985年在国会听证会中的发言中,可以证实"海狼"级的设计航速目标是35节。至于"海狼"级的实际航速性能以及核反应堆输出功率均属于机密,美国海军官方资料只模糊地声称"海狼"级航速大于25节,但我们可从公开资料作一些推测。

依照海军核动力推进计划总监德马斯在1990年3月20日众议院武装部队委员会听证中的说法,"海狼"级的S6W核反应堆,输出功率比"洛杉矶"级的S6G核反应堆提高50%。在日后公开的国会听证纪录中,有部分证词在听证纪录出版前遭到删除。最终公开的听证会纪录

下图:"海狼"级的核反应堆输出功率与最大航速都是机密,综合既有文献来看,45000马力与35节以上,应是较合理的估算。照片为水面航行中的"海狼"级2号艇"康涅狄格"号。

中没有提到具体的S6W核反应堆输出功率数字。但我们可以推测，已知S6G核反应堆输出的推进功率是30000马力等级，这意味着S6W输出的推进功率大约是45000马力等级。据称改良型"洛杉矶"级的S6G核反应堆功率提高到35000马力。以此为基础计算，则功率提高50%的S6W，输出能力将达到52000马力等级。而45000马力与52000马力这两个数字，也是绝大多数文献中所记载的S6W输出功率。

例如齐默尔在1990年出版的著作《21世纪潜艇技术》中，称美国海军曾表明"海狼"级的推进功率是45000马力。齐默尔在1988—1994年间担任重要潜艇产业新闻《海军新闻与水下技术》（Navy News and Undersea Technology）的编辑，同时被选为华盛顿海事与海军通讯社主席，并兼任国会期刊出版团体的秘书，是这时期最重要、最活跃的潜艇与水下相关技术作者之一，所以资料来源比较可靠。而这样的数字可以和35节的最大设计航速目标相互对应，所以45000马力被认为是可信的数字。

例如任职于国会研究服务处负责编撰国会研究报告的著名海军事务分析师奥罗克（Ron O'Rourke），在1990年出版的国会研究服务处IB85169简报《"海狼"或SSN 21核动力攻击潜艇》（Seawolf or SSN 21 Nuclear Powered Attack Submarine）中，便引述了与齐默尔相同的推进功率数字。

但同时期其他的非官方海军权威文献，则有不同的记载。《简氏舰艇年鉴》（1993—1994年版）以及《简氏水下作战系统年鉴》（1999—2000年版），都记载"海狼"级的S6W核反应堆推进功率为52000轴马力。美国海军协会（USNI）的《战斗舰队》（1993年版），则记载"海狼"级的推进单元输出功率高达60000轴马力。稍晚一些出版的资料，如国际预测公司的报告《军舰预告：SSN 21"海狼"级》（2007年版）对S6W核反应堆输出功率记载则同时引用了52000与45000马力两个数字。

如果"海狼"级的输出功率达到60000马力的话，那么对应的最大航速将接近39节，如前述国际预测公司的报告便认为"海狼"级的最大航速可达39节，明显超出美国海军设定的"海狼"级航速目标35节。

著名海军专家波尔玛给了另一个说法，波尔玛与摩尔（Kenneth J. Moore）合著的《冷战时期的潜艇》（2004年）一书中，声称官方来源的资料显示"海狼"级的最大航速为35节，较"洛杉矶"级略高几节。至于核反应堆驱动涡轮的推进功率则接近40000马力。稍后波尔玛在其主编的《美国海军舰队舰艇与飞机年鉴》（The Ships and Aircraft of the U.S. Fleet）中，所记载的"海狼"级推进功率与航速也使用了相同的40000马力与35节数字。

21世纪之后,一些较新的文献,记载的"海狼"级输出功率大多为45000马力,如最新版简氏资料库(2019年5月31日)记载"海狼"级的输出功率为45000马力,《战斗舰队》[1](2016版)给出的"海狼"级核反应堆输出功率是45500马力。

在最大航速方面,各文献数据不一。如著名海军专家弗里德曼在《1945年后美国海军潜艇》中给出的"海狼"级最大航速是35节,但简氏集团的记载是39节,法文《战斗舰队》则为40节。

综合来看,对于"海狼"级的S6W核反应堆推进功率,45000马力应该是可靠的推测。至于在"海狼"级的最大航速方面则只能确认是35节以上。

主要海军文献记载的"海狼"级输出功率与最大航速

文献	作者	出版年份	"海狼"级输出功率(马力)	"海狼"级最大航速(节)
Submarine Technology for the 21st Century	Stan Zimmerman	1990, 1997	45000	
Seawolf or SSN-21 Nuclear Powered Attack Submarine	Ron O'Rourke	1990	45000	
Jane's Fighting Ship (1993—1994)	Richard Sharpe	1993	52000	
Combat Fleets (1993)	A. D. Baker III	1993	60000	
Jane's Underwater Warfare Systems (1999—2000)	Anthony J. Watts	1999	52000	35
Warship Forecast: SSN-21 Seawolf Class	Forecast International	2007	52000	39
Cold War Submarine	N. Palmar & K. Moore.	2004	~40000	35
The Ships and Aircraft of the U.S. Fleet 18th Edition	Norman Palmar	2005	~40000	35
Combat Fleets 16th Edition	Eric Wertheim	2013	45500	35
Flottes de combat 2016	Bernard Prézelin	2016	45500	40
U.S. Submarines Since 1945	Norman Friedman	2018	—	35
Jane's Fighting Ship	Alex Pape	2019	45000	39

[1] 《战斗舰队》即美国海军协会英文版《战斗舰队》年鉴的法文版本,但法、英两种版本是各自独立编辑。

6 "海狼"级的得与失　175

设计中是史无前例的，彻底解决了自"长尾鲨"级以来因鱼雷管数量过少给一线潜艇官兵带来的不便。

"海狼"级鱼雷管采用26.5英寸直径规格，则是自从美国海军采用21英寸（533mm）鱼雷管以来，首次引进新的潜艇鱼雷管直径规格。它搭配的仍是21英寸规格的Mk 48鱼雷，但直径更大的新鱼雷管，有利于以后升级，也有利于应用水下无人载具。

Mk 69鱼雷管的发射机制沿用了从"俄亥俄"级弹道导弹潜艇上的Mk 68鱼雷管。它采用涡轮泵水压平衡机构，当鱼雷管填入鱼雷武器后，通过压缩空气驱动的涡轮泵，将艇外海水由一个开口吸入鱼雷管内，发射时则由涡轮推动管内海水形成高压水柱，将管内的鱼雷发射。比起"洛杉矶"级采用液压活塞推送机制的Mk 67鱼雷管，涡轮泵式的发射机构，具有结

下图："海狼"级最初曾打算将鱼雷管置于艇艏前端，后来改为艇艏后方的斜角鱼雷管配置。船台上的"海狼"级3号艇"吉米·卡特"号可清楚见到艇艏后方侧面的鱼雷管舱门（外壳门）。

上图："海狼"级拥有美国海军攻击潜艇历来容量最大的鱼雷室，可以携带超过40枚鱼雷或导弹，加上预先装填于8具鱼雷管内的武器，总携带量达到50枚武器。照片为"吉米·卡特"号的鱼雷室。

构布置相对简便、占用空间与重量较少、推送能力高、反应速度快、潜舰可在最大工作深度内发射鱼雷等优点，缺点则是制造工艺相对复杂，且成本较高。

而在鱼雷管布置方式方面，美国海军最初曾打算将鱼雷管置于艇艏前端，而非美国海军惯用的艇侧斜角鱼雷管布置，以降低高速航行下发射武器入水因水流冲击受损的概率，同时减少鱼雷导线折断的概率，但后来为了配合战斗系统的声呐设计调整放弃了这种布置。

在"海狼"级的早期构想中，计划采用敷设于艇艏表面的"先进适形声呐阵列系统"，最后由于技术困难而放弃，改为传统的艇艏球形阵列，为此必须将艇艏空间提供给球形声呐阵列，而不能将鱼雷管设置于艇艏。于是"海狼"级只能把鱼雷管挪到艇艏后方，改回美国海军传统的艇侧斜角鱼雷管配置。

◆其他武器搭载

随着"潜射反潜火箭"于1989—1992年退役，后继的"海长矛"反潜导弹开发计划又在1990年取消，相当程度损害了"海狼"级的反潜作战能力，让"海狼"级缺少一种可以快速反应、迅速打击远方目标的远距离反潜武器。

在"海长矛"反潜导弹取消后，"海狼"级唯一的反潜武器只剩下Mk 48先进能力（ADCAP）型鱼雷，而Mk 48鱼雷的射程和速度都远不如"海长矛"反潜导弹,远程反潜打击效率逊色许多。"海长矛"反潜导弹的最大射程可达35海里,凭借火箭空中投射方式能达到1.5马赫的最大速度,只需1分多钟就能抵达35海里的目标。而Mk 48鱼雷有效射程不到30海里,必须耗费20多分钟的水下航行才能抵达20海里距离的目标。

随着后冷战时代来临,取消"海长矛"反潜导弹导致的作战能力减损,被美国国防高层认为是可以接受的代价。

◆战斗系统与声呐设备

"海狼"级上负责控制感测器与武器系统的BSY-2战斗系统,虽然开发问题不断,但是就设计来说,确实是当时世界上

下图:美国海军在1990年取消了"海长矛"反潜导弹开发计划,也让"海狼"级失去有效的远距离反潜武器。照片为"海长矛"反潜导弹的耐压胶囊容器。

上图：通过BSY-2战斗系统，"海狼"级理论上可以同时追踪187个声呐目标，照片为正在操作导弹发火控制台的"海狼"号乘员。

最先进的潜艇战斗系统，实现了"潜艇先进战斗系统"中提出的分散式处理架构、完全整合声呐与火控系统的目标。

通过BSY-2强大的运算与资料融合能力，可以整合与分析"海狼"级上7套不同声呐系统的资料，为潜艇指挥官提供从目标侦测、识别、追踪、态势分析与显示、作战决策，到控制武器接战目标等一系列作战功能。BSY-2的系统软件据称包含了187个独立的软件追踪器，每个追踪器都可指派追踪1个声呐目标，另外还可允许同时发射8件武器，并同时控制4枚线导鱼雷。

BSY-2所整合的声呐设备也是当时的最高水准，并特别强调被动式的侦测、追踪与接战能力。

"海狼"级所配备的7套声呐中，艇艏阵列中的主动式半球形阵列以及安装在围壳上的BQS-24高频水雷／冰侦测与回避系统声呐为主动式声呐，其余5套声呐（包括低频艇艏阵列（LF bow array，LFBA）、大型球形阵列、BQG-5D宽孔径阵列、TB-29长细线型拖曳阵列（原称为TB-12X）、TB-16D粗线型拖曳阵列），为低频的被动式声呐。

基于被动侦测的作战模式是"21世纪核攻击潜艇"计划的一大特色。"海狼"级预设以被动侦测方式来接近目标，以便在高度设防的堡垒区域内，隐蔽地完成猎杀苏联弹道导弹潜艇的危险任务。因而"海狼"级特别重视低频被动声呐配备。

当"海狼"级侵入苏联堡垒区域后,一方面通过TB-29、TB-16D拖曳阵列与低频艇艏阵列监听周遭环境、掌握广范围的水下态势、探测苏联弹道导弹潜艇目标;另一方面则通过大型球形阵列或BQG-5D宽孔径阵列,以被动方式追踪与定位目标,为武器发射提供火控资料。整个战斗过程完全不发射主动讯号,从而在敌方未察觉的情况下,先发动打击。

至于"海狼"级的2套主动声呐都只是辅助用的感测器,其中主动式半球形阵列作为备用的火控感测器,BQS-24则是用于提高航行安全的辅助设备。

下图:"海狼"级的艇艏声呐阵列图解。
由低频艇艏阵列、大型球形阵列与主动式半球形阵列等3套阵列组成。
以半椭圆形环绕在艇艏前端内侧的低频艇艏阵列,是BQR-7与BQR-20被动声呐阵列的后继发展型。它一共设置了3列阵列,每一列含有32个水听器单元。
大型球形阵列与主动式半球型阵列则是BQS-6与BQS-13球形阵列的后继型,可同时用于信号收、发功能,兼具主动与被动操作模式。这套新型阵列则分离了主动与被动功能,由被动式的大型球形阵列搭配主动式半球形阵列组成。
其中大型球形接收阵列直径达24尺,含有2800个水听器;位于下方的半球形主动阵列直径约8尺,高度约6.5尺,垂直方向含有10～15个水听器阵列单元,水平方向含有60个水听器阵列单元。

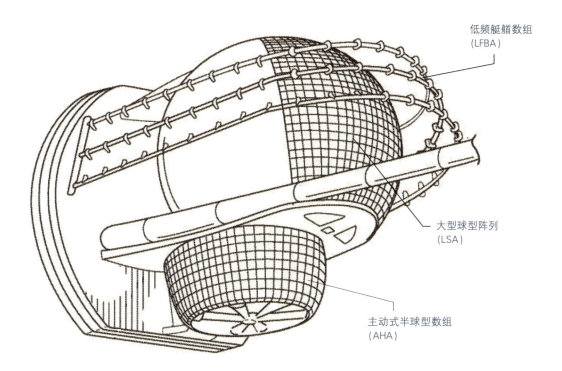

低频艇艏数组 (LFBA)

大型球型阵列 (LSA)

主动式半球型数组 (AHA)

"鲟鱼"级（Sturgeon Class）

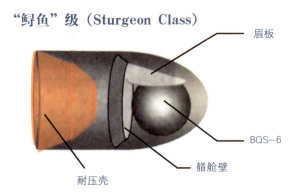

"洛杉矶"级（Los Angeles Class）

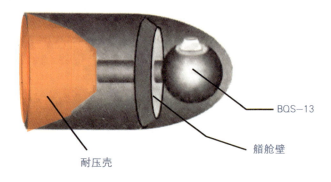

"海狼"号（SSN 21）

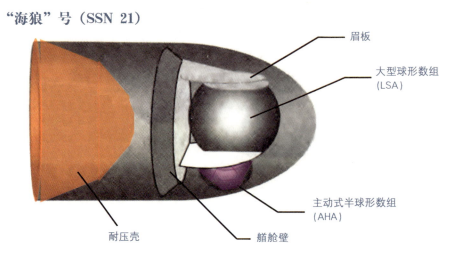

左图：美国海军攻击潜艇艇艏球形声呐阵列演变。

"鲟鱼"级配备的BQS-6与"洛杉矶"级配备的BQS-13球形声呐阵列，都是主动与被动阵列合一的设计。"21世纪核攻击潜艇"的球形阵列则改为主动发射阵列与被动接收阵列分离，由被动式的大型球形阵列与主动式半球形阵列构成。在球形阵列上方设有1组眉板（eyebrow plate），用于遮蔽水面上传来的噪声（如经由水面反射的潜艇自身噪声），以改善接收效果。

"海狼"级的大脑：BSY-2战斗系统

BSY-2是美国海军第1套完全分散式处理架构、并完全整合声呐与武器控制的潜艇战斗系统，由声呐阵列、信号／资料处理、武器控制以及控制显示等单元组成。感测器、资料处理器、显示控制台与武器控制台通过光纤汇流排连接在一起。显示控制台可切换用于任何感测器与武器操作，具备高度的灵活性与冗余性。

如前文所述，BSY-2整合了一共7组声呐阵列，包含了低频艇艏阵列、大型球形阵列与主动式半球形阵列、BQS-24高频水雷／冰侦测与回避系统声呐、BQG-5D宽孔径阵列、TB-29长细线型拖曳阵列，以及TB-16D粗线型拖曳阵列。

BSY-2的信号与资料处理单元则可分为4个部分。

下图：BSY-2潜艇战斗系统的组成。
BSY-2是"海狼"级潜艇的大脑，负责处理来自7套不同声呐阵列和来自潜望镜、雷达的资料，形成周遭战术态势图像，为潜艇指挥官提供从目标侦测、识别、追踪、态势分析与显示、作战决策以及控制武器接战目标等一系列作战功能。

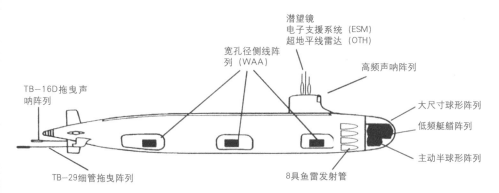

"海狼"（SSN-21）级核潜艇配备的 AN/BSY-2潜艇作战系统

配备的阵列
大型球形阵列（LSA）
低频艇艏阵列（LFBA）
宽孔径侧线阵列（WAA）
TB-29细管拖曳阵列
TB-16D拖曳声呐阵列
主动半球形阵列（AHA）
高频阵列（HFA）

可使用的武器
Mk 48ADCAP鱼雷
"战斧"反舰型（TASM）
"战斧"对陆攻击型（TLAM）
鱼叉反舰导弹
"海长矛"前射反潜导弹（SLMM）
"捕手"水雷

架构特点
战术可重置型架构
预留未来升级潜力
可根据战术需求进行调整
高可靠性工作站

(1)阵列处理器（array processors），由位于声呐后端的接收机与波束成形器构成。

(2)信号处理器（signal processors），以UYS-2增强型模组信号处理器（EMSP）为核心，搭配一系列用于主动信号、傅里叶窄频处理与宽频信号处理的专用处理器，所共同构成。

(3)工作站功能处理器（workstation functional processors），由基于摩托罗拉68030微处理器的资料处理运算集群所构成。

(4)由武器发射控制器等设备构成的武器发射系统。

BSY-2是第1种应用UYS-2信号处理器的水下战斗系统，并引进了基于VHSIC（超高速积体电路）的专用波束成形晶片，以便充分发挥BQG-5宽孔径阵列的接收灵敏度性能。

工作站功能处理器的核心是一个由92个处理器节点组成的大型集群，通过光纤汇流排连接在一起，一共含有200颗68030处理器，分成声讯、指挥控制、武器与显示等4组不同功能的子集群，并具备了高度的冗余性。其中武器功能子集群具备最高的可用性，内含的4组处理器都有专门配置的备用处理器，如果任一处理器失效，都可由备用处理器接手处理工作。另外3个功能子集群则各自含有2~3组备用处理器。当子集群中出现个别处理器故障时，可通过这些备用处理器接手处理工作，必要时，还能将整个子集群的运作工作切换由另一个子集群来执行。

如果失效情况严重，备用处理器资源耗尽或不可用时，BSY-2会通过渐进式的功能降级，依照预设的功能优先列表，逐步停止部分功能的运作，确保高优先性功能的运算资源。其中自卫功能被列为最高优先，被预设为BSY-2随时都应维持的最低作战能力，以便潜艇能在海底环境中保护自身。

在控制台方面，BSY-2以战斗系统显示控制台作为基本操作单元，包括指挥显示器、战术状态监视器、绘图仪、指挥发射控制台、舰艇资料显示器、声讯通讯站等。

连接BSY-2各单元的光纤汇流排是传输速率为50MB/s的封包交换式光纤汇流排。

BSY-2运作时,所有声呐输出的信号,都先进入阵列处理器进行信号调理与波束成形,然后再馈送到信号处理器和工作站功能处理器。后者也承担了部分接收信号处理工作。工作站功能处理器通过光纤汇流排连接武器发射系统,同时也将资料送入战斗系统显示控制台,让潜艇人员可通过战斗系统显示控制台操作声呐,并通过武器发射系统控制鱼雷管发射武器。工作站功能处理器也负责处理来自潜望镜、雷达,以及友军通过通讯传来的"超地平线标定"目标资料。

整个BSY-2系统包含10部战斗系统显示控制台、3部指挥显示器、

下图:BSY-2战斗系统的功能架构。

由声呐阵列、阵列处理器、信号处理器、工作站功能处理器、武器发射系统,以及战斗系统显示控制台等单元组成,BSY-2虽然能整合7套声呐阵列,但其中只有宽孔径阵列是在BSY-2同一个开发合约下,算是BSY-2本身的一部分,其余6套声呐阵列,则属于各自的独立开发计划。

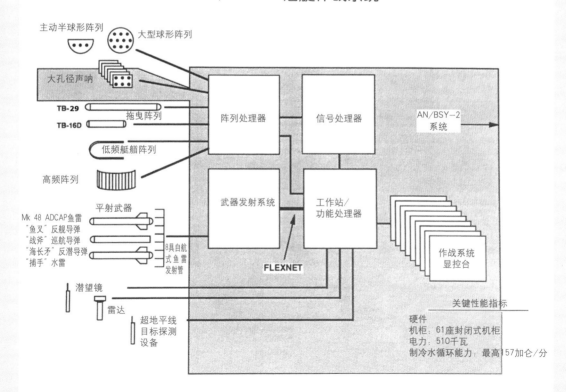

2部战术状态监视器、3座波束成形器机柜、6座UYS-2信号处理器机柜、3座资料处理器机柜，加上其他支援装备，一共有61组机柜，需要耗用570W电力以及每分钟157加仑的冷却水。

特别的是，BSY-2含有2部分别连接在大型球形阵列与BQG-5宽孔径阵列后端、设置于耐压壳外部的"舷外电子设备"内含1组信号调理器，可以对声呐阵列接收的信号进行预先的信号处理，减少后续的信号处理负担。而设置在耐压壳外部的"舷外电子设备"能减少穿透耐压壳的孔径需求，并减轻耐压壳内部的电子设备空间占用负担。

"海狼"级潜艇反潜作战的核心：BQG-5宽孔径阵列声呐

美国海军潜艇的反潜作战是以被动侦测为核心，围绕着被动侦测展开作战。在潜艇对潜艇的水下反潜作战中，被动侦测是比主动侦测更重要的目标探测手段，一方面，被动侦测可以避免避免暴露自身、提高攻击成功概率；另一方面，被动侦测也可以提供更远的侦测距离。

问题在于，被动侦测无法测距，无法为鱼雷攻击提供完整的火控解算参数。因此在反潜作战中，潜艇需要发射主动声呐脉冲信号来确认目标，以便发射鱼雷。

被动测距技术的发展

为了克服被动声呐无法测距的问题，美国海军先后发展了3种被动测距技术：目标动态分析，垂直三角测量，水平三角测量。

目标动态分析是通过己方潜艇与目标之间的相对运动，所产生的方位变化，分析螺旋桨噪声频率变化的多卜勒效应，来推算目标潜艇的航向、速度与距离。

垂直三角测量是通过改变下潜深度，使己方与目标潜艇之间的仰角产生变化，然后借由仰角的变化率来推算与目标潜艇之间的距离。

水平三角测量是以潜艇的艇身作为三角测距的测量基线，在艇身上布置2组以上的水听器，形成三角测量的基线，通过测量目标声讯波前的曲率、比较各水听器接收到声讯信号到达时间，来完成对目标的三角测距。只要有一对（2组）水听器就能构成三角测距基线，若目标距离太远无法构成三角测距时，也可通过布置3个水听器阵列进行目标方位测量。

目标动态分析与水平三角测量在实战中运用最多。目标动态分析可以人力手工计算或通过计算机自动计算，前者成为美国海军潜艇火下图与对页图：美国海军发展了两种实用化的被动声呐测距技术，最基本的便是目标动态分析，可以由人力通过描迹桌（plotting table）手动推算，或是通过计算机辅助或自动推算。下为在描迹桌上作业的"白鲳鱼"号潜艇（USS Spadefish SSN 688）人员，对页为姆森·辛特拉（Thomson Sintra）公司的被动测距显示器画面，显示了计算机自动"目标动态分析"推算的目标航迹。

控人员的必备技能，由"目标动态分析描迹小组"负责执行，后者则成为自Mk 113火控系统以后，美国海军潜艇火控系统与战斗系统的基本功能之一。美国海军要求同时使用人工计算与计算机计算两种作业，以便相互校对，减少误差。现在的人工目标动态分析作业，实际上也是通过计算机辅助进行，而不是纯手工计算。

水平三角测量则发展成"被动式水下火控系统"（Passive Underwater Fire Control Feasibility System，PUFFS），成为BQG系列被动式水下火控声呐（Passive Underwater Fire Control Sonar）。自1957年起，美国海军陆续发展了BQG-1、BQG-2A、BOG-3等几种试验型"被动式水下火控系统"声呐，然后在20世纪60年代初期推出实用型"被动式水下火控系统"声呐BQG-4。

1960—1966年间，美国海军一共建造了54套"被动式水下火控系统"，配备在"茄比"级、"刺尾鱼"级（Tang）、"海鲫"号

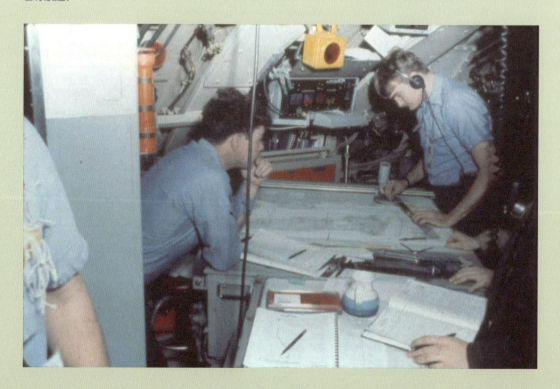

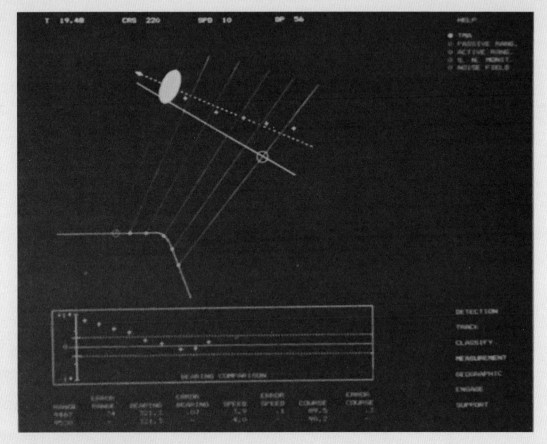

(Darter)等柴电潜艇,以及"灰鲸"号(Grayback)、"白鱼"号(Tullibee)、"长尾鲨"级核潜艇上。斯佩里(Sperry)公司还发展了微型化的改良版"被动式水下火控系统"(MicroPUFFS),并被澳大利亚、加拿大与英国采用。法国也在"被动式水下火控系统"影响下,发展了DUUX-2被动测距仪。

垂直三角测量则遇到了无法克服的瓶颈,由于声波在海中的传播,会随着海水深度变化而向上或向下弯曲,无法准确测量目标的垂直角度,依据这种技术制造的BQR-6声呐,也被证实并不成功,未能进入实用化。

革命性的被动定位技术——快速被动定位与宽孔径阵列

美国海军虽然发展了目标动态分析与被动式水下火控系统两种实用化的被动声呐测距技术，但这两种技术各有缺陷。

目标动态分析必须持续监听目标一段长时间，才能通过敌我双方相对运动的方位变化逐步地推算出目标距离与航迹，作业速度十分缓慢（以数小时为单位），无法得到足够精确的目标距离。它可以收敛目标的范围，从而让潜艇指挥官下达发射主动声呐脉冲、确认目标的大致位置，并减少发射的主动声呐脉冲能量。

而被动式水下火控系统的优点，在于可以快速与精确地定位目标，缺点是受到接收阵列基线长度的限制，侦测距离较短。

于是美国海军在20世纪60年代后期发展出另一种新的被动测距技术——快速被动定位，试图兼具目标动态分析与被动式水下火控系统的优点，既拥有目标动态分析的远距离定位能力，又像被动式水下火控系统一样精确。

快速被动定位继承了被动式水下火控系统的侦测原理，同样都是对单一测距脉冲进行水平三角测量的技术，通过

对页图：美国海军在20世纪60年代将基于水平三角测量的"被动式水下火控系统"投入服役，照片为配备了BQG-4"被动式水下火控系统"的"青鱼"号潜艇（USS Greenfish SS 351），可以见到沿着艇身设有3具鱼鳍式整流罩，即为"被动式水下火控系统"的水听器阵列。

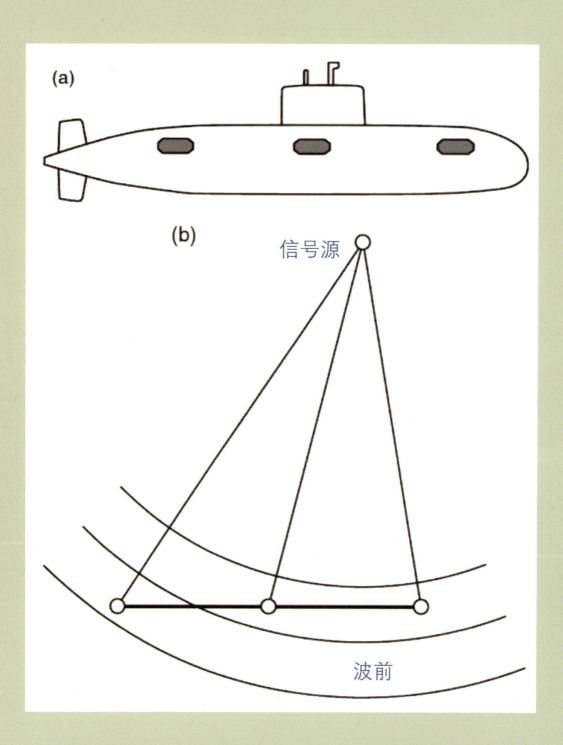

上图:"洛杉矶"级的"奥古斯塔"号潜艇被选为"宽孔径阵列"的测试平台,上图为美国海军发布的"奥古斯塔"号配备"宽孔径阵列"的想像图,可见到沿着艇身侧面镶嵌的3具"宽孔径阵列"。

散布在潜艇外壳上的多组被动接收阵列,对于目标潜艇发出的声音信号进行三角测距,进而快速计算出目标距离,但快速被动定位引进了作业频率更低、尺寸也更大的平面式阵列,称作宽孔径阵列,替代被动式水下火控系统采用的线型阵列,还结合了以往用在艇艏球形声呐的传播作业模式来运作(包括海底反射、水面回波与汇声区等模式)。

快速被动定位与被动式水下火控系统一样,理论上可以瞬时完成测距计算。作业速度与精确性都远高于目标动态分析。通过引进宽孔径阵列,搭配更低的作业频率,以及多种远距离传播作业模式,大幅提高侦测范围。

1967年,美国海军在塞内卡湖(Lake Seneca)测试场的模拟潜艇上安装了单一阵列板进行测试。接着在1970财年计划中,美国海军在"喙鲈"号试验潜艇(USS Baya AGSS 318)上成功完成了宽孔径阵列概念试验。20世纪70年代初期提出的"先进性能高速攻击潜艇"计划,是第一种预定部署宽孔径阵列的作战型潜艇。

虽然"先进性能高速攻击潜艇"计划在1972年底取消,但美国海军仍继续发展宽孔径阵列,被设想为"洛杉矶"级后继潜艇的基本装备之一。卡特政府时期的国防部长布朗宣称,宽孔径阵列提供的方位与距离资讯"超过了既有潜艇武器性能的限制",也就是说,宽孔径阵列获得的被动测距能力超过了Mk 48鱼雷、潜射反潜火箭等所有潜艇武器的射程。

对页图:快速被动定位技术图解。
(a)布置于艇壳外侧的3组以上的"宽孔径阵列"。
(b)比对各接收阵列接收到同一声音来源的信号到达时间差,通过类似三角测量的波前圆弧测距法(wave front curvature),假设声音波前为圆弧形,然后求出圆心的距离,也就是声音源的位置。

1980年1—4月，宽孔径阵列的开发原型在"长尾鲨"级的"石首鱼"号（USS Barb SSN 596）上进行了测试。1985年，美国海军启动了搭配"21世纪核攻击潜艇"计划的BSY-2战斗系统计划，宽孔径阵列也作为BSY-2的一部分，开始了正式服役版本的开发工作，并从1987年7月起，在"洛杉矶"级的"奥古斯塔"号（USS Augusta SSN 710）上，安装1套BQG-5宽孔径阵列工程开发模型（Engineer Development Model，EDM）进行测试，最终成功应用在"海狼"级潜艇上。

"海狼"级的BQG-5宽孔径阵列

美国海军在1988年3月与通用电气公司签订BSY-2战斗系统合约，

下图与对页图：下为BQG-5宽孔径阵列的组成图解，分为艇壳基板、水听器阵列镶嵌板、外罩等部分，对页为"海狼"号安装的"宽孔径阵列"猜想。

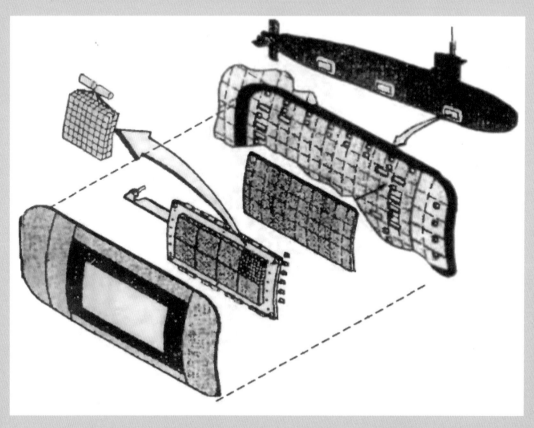

属于BSY-2合约一部分的BQG-5宽孔径阵列，则由马丁·马里塔公司负责研制。

BQG-5在潜艇两侧各设置了3具大型阵列，每具阵列的尺寸为10尺×10尺，各由404个水听器单元构成。早期的BQG-2A"被动式水下火控系统"每个阵列仅含有10个水听器单元。

借由大型阵列，BQG-5可以获得更低的作业频率（200Hz～8000Hz）、较高的增益（可达10dB）以及精确的深度与方位的指向性，从而得到更远的侦测距离与更高的测量精度。而通过波束成形技术，BQG-5具备同时追踪多个目标的能力，并拥有抑制水流噪声的能力。

除了通过快速被动定位三角测量技术提供快速定位能力以外，宽孔径阵列的另一个价值，是在潜艇本身不运动的情况下，提供目标动态分析解算。这也意味着，即使目标距离超过三角测量的有效距离范围，宽孔径阵列也能通过目标动态分析快速定位远距离外的目标。

　　而与BSY-2所搭配的大型艇艏球形阵列相比，BQG-5宽孔径阵列的侦测能力也更胜一筹。在5种典型的浅海模式环境下，宽孔径阵列能在艇艏球型阵列侦测到目标之前，先一步完成对目标的目标动态分析解算。也就是说，"海狼"级仅凭"宽孔径阵列"就足以完成目标侦测与火控解算，而无须使用艇艏球形阵列。缺点则是大型阵列的重量较重，后端还需搭配多达8组标准机柜的电子设备，需占用较多的潜艇内部空间。于是美国海军又开始发展轻量型的宽孔径阵列。

而在"海狼"级配备的声呐中，BQS-24高频水雷／冰侦测与回避系统声呐、TB-29与TB-16D拖曳阵列，都是以"洛杉矶"级的同类声呐为基础发展而来，BQS-15、TB-23与TB-16的后继发展型，TB-29是TB-23的后继版本，TB-16D是TB-16的数字化改良型。

低频艇艏阵列、大型球形阵列与主动式半球型阵列构成的艇艏声呐阵列，则是专门为"海狼"级发展的设备。宽孔径阵列则是美国海军从20世纪60年代开始发展的新型被动式攻击声呐。BQG-5D宽孔径阵列是这一系列发展的成果。"海狼"级是第1种正式配备宽孔径阵列的攻击潜艇。

"海狼"级最初预定配备敷设于艇艏表面的"先进适形声呐阵列系统"，但因无法克服不规则阵列布置所带来的运算负担，最终改回采用球形接收阵列（也就是由BQS-6艇艏球形阵列与环绕艇艏的BQR-7线型接收阵列的后继版本）。

"海狼"级最后实际采用的球形艇艏声呐阵列，不如"先进适形声呐阵列系统"那样先进，但与先前美国潜艇使用的BQS-6、BQS-13等球形声呐阵列相比，技术上也有所突破。它采用发射阵列与接收阵列分离的设计。

BQS-6、BQS-13的球形阵列，都是主动／被动合一形式，同时用于发射与接收信号。而"海狼"级的球形阵列则分拆为被动的大型球形阵列，以及主动式半球形阵列等两部分，以让被动阵列拥有更大的尺寸，阵列直径从BQS-6、BQS-13的15尺增加到24尺，进而可获得更高的增益，显著改善低频接收效果。除此之外，接收阵列单元也不再需要通过高功率脉冲拍发信号，得以提高灵敏度。

技术跃进的代价——过高的成本与风险

影响"海狼"级设计的因素中，最重要的便是为了配合里根时代的前沿海上战略，优先重视反潜能力，企图将这艘潜

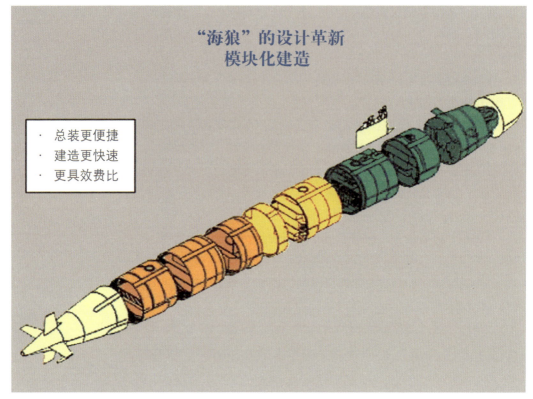

"海狼"的设计革新
模块化建造

· 总装更便捷
· 建造更快速
· 更具效费比

上图:美国海军曾希望通过引进计算机辅助设计与模组化建造技术,来改善"海狼"级的设计与建造效率,但受到糟糕的协调与管理所拖累,这些努力并未生效,最终导致"海狼"级的成本大幅升高。上图为"海狼"级的模组化建造分段示意图。

艇打造为美国历来最有力的反潜平台。除此之外,美国海军渴望由"海狼"级来重新取回优势。两种因素相互作用之下,最终导致"海狼"级的设计重点大都聚焦于满足严苛的性能要求上,并为此选择了高风险的发展路线。美国海军对技术风险的控制以及寿期支援的考量,相对很少,最终带来了成本过高的结果。

欠佳的采购与寿期成本控制

美国海军发展"海狼"级聚焦于满足严苛的性能要求,以求压倒苏联的水下威胁,成本控制是相对次要的目标。因此,美国海军一开始就知道"海狼"级成本很高。

在"21世纪核攻击潜艇"计划启动之初,海军部长莱曼设定的成本上限，是首艇16亿美元，后续舰自第5艘以后则降到10亿美元（以1985财年币值为准）。美国海军估计，购买29艘"海狼"级的总成本将达380亿美元。1988年，美国海军预估采购29艘"海狼"级的总费用则是360亿美元。

也就是说，美国海军最初是打算以每艘13亿美元的单价来完成"海狼"级的采购。相比之下，美国海军在1985—1987财年采购改良型"洛杉矶"级的成本为6.5~7.5亿美元，也就是说，美国海军希望将"海狼"级的单价控制在"洛杉矶"级的两倍。

在"海狼"级发展过程中，美国海军希望通过计算机辅助设计系统与模组化建造技术来提高设计与建造效率，并降低成本。"海狼"级是美国海军第1种采用计算机辅助设计的潜艇，而其采用的模组化技术，则是由电船公司在"俄亥俄"级弹道导弹潜艇计划中应用的模组化技术发展而来。然而，过高的技术风险，加上糟糕的协调与管理，抵消了这两方面的努力，最终导致"海狼"级成本的大幅升高。

当美国海军于1989年与电船公司签订"海狼"级首艇SSN 21合约时，合约金额是7.62亿美元，由于焊接缺陷、工程拖延等问题，到了1994年，预估的成本便攀升到11亿美元，而且这个金额还不包含核反应堆、推进系统、武器系统等"政府供应装备"的费用。至于1991年与电船公司签订的2号艇SSN 22合约，金额则是6.147亿美元（同样是不含"政府供应装备"的费用）。

而随着时间推移，当"海狼"级采购数量遭到大幅削减后，每艘"海狼"级必须摊付更多的研发与基础设施费用，许多家系统供应商纷纷退出这个萎缩的市场，造成"海狼"级建造成本进一步飙涨，最晚采购的3号艇SSN 23，价格反而更为昂贵。

3号艇所需的经费最初是包含在1991财年预算中提供的24亿美元资金中。这笔经费包含了3号艇以及"海狼"级后续舰的

"海狼"级的采购成本远高于美国海军原始设定,其中又以3号艇"吉米·卡特"号尤甚,美国海军在1994年时预估该舰需要高达24亿美元经费才能完工,后来在1999年又决定将该舰改装成为深潜特殊用途潜艇,为此追加了8.87亿美元经费,也使得该舰的总成本上涨到32亿美元以上。图为电船公司船台上的"吉米·卡特"号。

先期采购费用，用于采购核反应堆等需要长时间预前准备的装备。但两年多以后，海军作战部长凯尔索在1994年1月18日提出的简报"重建海军力量"中表示，虽然3号艇尚未正式签约建造，但先期采购已耗费了9亿美元，预估还需要追加15亿美元经费。3号艇的建造成本将达到24亿美元。

事实上，此时美国海军估计的首艇成本已经上升到22亿美元。整个计划的总费用，美国海军则希望能控制在72.23亿美元。

而到了首艇将要完工、准备投入服役的1997年，美国海军估计"海狼"级潜艇计划的总成本为130亿美元。1999年9月，著名海军专家波尔玛从海军内部消息来源获知，3艘"海狼"级的总成本将达到160亿美元。

1999年12月，美国海军指示电船公司将"海狼"级3号艇修改为深潜特殊任务用途潜艇，为建造工程追加了8.87亿美元经费，也让3号艇的总成本超过32亿美元。

美国海军在2000年初承认，3艘"海狼"级的平均单价是28亿美元，不仅是当时最昂贵的潜艇，也是除了核动力航空母舰以外，最昂贵的舰艇。

除此之外，"海狼"级的次系统极为昂贵，BSY-2战斗系统每套的成本超过2.5亿美元，开发费用超过10亿美元。

雪上加霜的是，"海狼"级不仅采购成本昂贵，操作与维护成本也十分高昂。如前所述，"海狼"级的设计重点放在满足性能需求上，不只成本控制被放在次位，对于寿期支援的考虑也相对较少。除了作为动力单元核心的S6W核反应堆采用了有助于降低寿期成本的"艇-炉同寿"设计外，在其他方面，并未充分重视从设计到退役废弃的潜艇总体持有成本。

例如为了减轻重量、抑制排水量的攀升，"海狼"级使用了昂贵的材料，也造成日后大量的维护与更换成本。

"海狼"级的BSY-2战斗系统引进了完全整合声呐与火控系统的分散式架构，导致开发与整合的困难，进而影响到成

对页图："海狼"级潜艇不仅采购费用十分昂贵，操作与维护成本也相当高昂。照片为干坞中的"海狼"级2号艇"康涅狄格"号。

本与时程控制。BSY-2虽然借助了商用资讯科技（例如68030处理器），但仍大量采用了专门开发的硬件元件（如光纤汇流排），并依美国国防部的要求，使用国防部指定的军用编程语言Ada来开发系统软件，这些都造成开发与维护成本高昂。

而当"海狼"级潜艇计划进行到了20世纪80年代后期时，又承受了庞大的性能指标与成本超支压力，以致"海狼"级的设备选用优先考虑的是抑制初始采购成本，而非日后的操作与维护成本。"海狼"级的建造数量被削减到3艘，其中3号艇还引进了与另2艘同型舰不同的设计，让后期维护成本更加高昂。

缺乏控制的技术风险

美国海军希望"海狼"级在动力单元、推进系统、艇壳材料、武器系统等多个技术领域取得突破性的进展，于是"海狼"级的发展策略也与先前的攻击潜艇计划不同。

从"长尾鲨"级、"鲟鱼"级到"洛杉矶"级的发展过程都是采取渐进式的策略。新一级的潜艇都是在前一级潜艇的技术基础上结合部分新技术制造，如"鲟鱼"级便沿用了"长尾鲨"级的艇内舱室基本布置、动力单元、推进器与武器系统。"洛杉矶"级沿用了"鲟鱼"级后期型的感测器与火控系统。而"海狼"级则不同，艇内舱室布置、动力单元、推进器、艇壳材料、鱼雷管、声呐感测器、战斗系统几乎都是全新设计，以求达到严苛的性能指标。

对一项新潜艇计划来说，若为了满足高性能的指标，积极地引进新技术，势必也会带来难以预测的风险。如何管理技术风险，也就成为一大挑战。为此必须扩大可行性研究的程序，了解这些新技术的风险以及对于计划成本与时程的影响。

另一方面，当整个计划承受了高风险时，计划管理者必须为新技术设定"驶离点"（off-ramp point），必要时放弃新技术，改为低风险的解决方案。而且这些决策都必须在进入总体设计与建造开工之前完成，以免延误工程。

在"海狼"级潜艇计划进行过程中，部分关键次系统的设计陷入困难时（如BSY-2战斗系统），美国海军与承包商迟迟未能解决问题，也未改用替代方案，最终拖到首艇"海狼"号开工后，才提出大量的设计调整要求，不仅给建造工作带来很大的影响，也造成工期的延误与成本增加。

规划失当的采购程序

执行良好的采购计划是潜艇计划成功的关键。而美国海军在"海狼"级采购计划中的重大失误，便是错误地采用了双船厂联合设计体制。

对页图：为了满足严苛的任务要求，"海狼"级试图在动力单元、推进系统、艇壳材料、武器系统等多个技术领域，同时取得突破性进展，也带来技术风险过高问题。上为"海狼"级的艇艏声呐阵列，为专门针对"海狼"级潜艇计划全新开发的系统，采用了与先前同类系统完全不同的主、被动球形阵列分离设计，照片可以清楚见到中央的大型球形阵列，下方的主动式半球形阵列，以及环绕在球形阵列外侧的低频艇艏阵列。

上图:"海狼"号的控制室也引进了全新的潜艇操纵介面设计。以基于计算机显示器的数位图形界面,作为操纵潜艇的主要显示与控制界面,只保留少数传统机械式仪表,比完全依靠机械式仪表来操纵潜艇的"洛杉矶"级,先进了一个世代。

从"洛杉矶"级到"海狼"级时间相隔了将近20年,政治形势与美国潜艇产业环境有了很大的变化。美国海军在"海狼"级潜艇计划中希望扶持潜艇产业,尽可能利用工业界的设计能力,决定在设计阶段让两家船厂共同参与。如此一来,在"海狼"级的设计阶段,便能同时利用电船公司与纽波特纽斯船厂两家船厂的设计人力,完成适用于两家船厂建造程序的潜艇设计;而在建造阶段时通过竞争机制,决定最终的建造承包商,以此确保效率与经济性。

但这样的决定却带来了适得其反的后果。两家船厂同时参与设计导致管理出现问题,最终延误了整个"海狼"级潜艇计划。

如果"海狼"级潜艇计划采用单一设计与建造主承包商,或许能解决成本攀升与进度延误的情况。但这方面的决策必须顾及几个因素,包括:美国潜艇产业未来的竞争力,潜艇产业未来的长期健康发展,以及核潜艇工业基础的总体策略等。

随着"海狼"号设计进度开始出现延误情况,也让另一个关键问题浮现出来,细部设计作业完成多少时再启动建造工程,才不致对建造工作带来更大影响?

当"海狼"号在1989年11月开工建造时,细部设计作业只完成了不到10%,海军趁机提出了大量的设计变更要求,导致"海狼"号建造工程受到很大的影响。

事后分析,美国海军应该推迟"海狼"号的开工时间,待细部设计足够成熟后再开始建造工程。如此一来,或许能减少许多不必要的干扰。由此得到一个教训:必须完成100%的准备,确定完成80%以上的总体设计,否则不应让潜艇开工。

另外,由于美国海军的预算由国会提供,因此在"海狼"级潜艇计划执行过程中,美国海军与国会的关系也带来了关键的影响。

由于高昂的成本以及外在战略环境的不断变化,"海狼"级潜艇计划持续成为国会审查的焦点。美国海军决定主动向国会通报"海狼"级潜艇计划相关的变动。

这是个明智的做法,通过这种开放的策略,增强了国会对于海军管理能力的信心,并减缓了艇壳焊接缺陷和BSY-2战斗系统开发延迟等问题爆发时所产生的负面影响。当美国国防部尝试取消整个"海狼"级潜艇计划时,海军也仍能在国会的支持下让计划继续执行。

尽管如此,政界人物也没有无限的耐心来支持美国海军发展"海狼"级潜艇。从这一点来看,美国海军能保住3艘"海狼"级已经算是相对不错的结果。

然而对于美国的潜艇产业来说,当"海狼"级的采购规模从最初设定的29艘(或30艘)减至3艘时,也带来灾难性的后果,许多供应商纷纷撤离这个已无利可图的领域,给潜艇产业带来无可挽回的伤害,潜艇产业必须耗费很长的时间才能重新适应规模骤降的采购环境。

迈向后冷战时代的台阶

原本"海狼"级有机会可以得到较为体面的结局。随着冷战结束,"海狼"级的采购规模注定会遭到大幅裁减,但美国海军一开始仍打算采购"海狼"级,然后再过渡到采购新一代的"百夫长"攻击潜艇,而不是粗暴地急遽削减"海狼"级的采购数量。

在"21世纪核攻击潜艇"计划中1989—2000财年,采购29艘(或30艘)"海狼"级潜艇。1989财年采购首艇,1991财年与1992财年各采购2艘,然后在接下来的年度平均每年采购3艘。

在布什政府时期,经过4个月的"主要战舰审查"后,美国国防部于1990年8月宣布新的采购计划,将"海狼"级的采购数量削减到先购买12艘,采购速率也降为每2年采购3艘,平均每年1.5艘。而国防部在1991年2月提交给国会的6年国防计划中,又削减了"海狼"级的采购量,在1995财年之前,每年只

下图与对页图:"海狼"级采购规模的大幅缩小,不仅冲击了电船公司与纽波特纽斯船厂两大潜艇船厂,也冲击了众多的次系统供应商,导致许多厂商退出了这个市场,给美国潜艇产业带来深远的伤害。下图为纽波特纽斯船厂建造完成的潜艇艇段,对页为组装中的鱼雷管。

采购1艘，接下来从1996财年至1999财年，各年度的采购数量为2艘、1艘、2艘与1艘。

不过削减"海狼"级采购规模的下跌趋势仍然没有停止。海军作战部长凯尔索在1991年9月表示，他希望在首艘"百夫长"获得采购授权之前，每年都采购1艘"海狼"级，预计整个采购计划不会超过7~8艘。

但不幸的是，苏联1991年12月解体，促使美国国防部全面重拟既有的武器系统采购政策，于1992年1月决定删除整个"海狼"级潜艇计划，只保留当时已经签订建造合约的首艇。后来在国防部与国会的协商下，基于维持潜艇工业的考量才保留了2号艇与3号艇的采购，让"海狼"级不致面临只造1艘的尴尬结局。

大幅超支的费用以及严重拖延让"海狼"级潜艇计划称不上成功。就作战能力来看，"海狼"级确实取得了空前的优越

"海狼"级攻击核潜艇

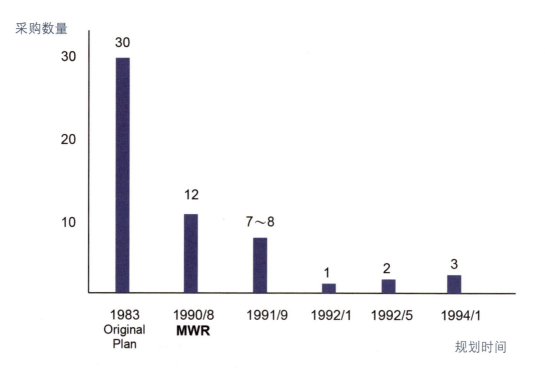

上图:"海狼"级潜艇采购数量演变。

性能,即使在21世纪,"海狼"级的平台性能(如航速、静音性、武器搭载等)依旧是攻击潜艇的顶峰。但评价武器系统价值的标准并不仅仅是性能,更重要的是性能能否符合环境的需要以及取得这些性能的代价。

"海狼"级的作战需求与性能特性是针对冷战时代的战略需求而制定,特别强调了远洋与北冰洋反潜作战能力,然而在后冷战时代的战略环境中却派不上多少用场。

美国海军先后在1992年9月与1994年9月发布"……从海上来"以及"前沿……从海上来"战略纲领白皮书,将战略主轴从远洋作战转为近岸作战与对陆攻击。在新的战略纲领下,美国海军潜艇部队的作战对象也从在远洋、深海与极地环境中活动的苏联核潜艇转为于浅海环境活动的海军力量以及陆上目标。

近岸、浅海,是与远洋、深海大不相同的环境,对潜艇的性能要求也有显著差异,与"海狼"级的设计取向更是大相径庭。"海狼"级最引以为傲的性能特性(如超过20节的战术航速、2000尺等级的大潜深以及以低频被动声呐为核心的战斗系统)在近岸、浅海环境中,都难以发挥所长。这也意味着,"海狼"级的性能特性与后冷战时代的需求有所脱节,不完全切合新时代的需要。而"海狼"级为了取得这些性能,所付出的高昂成本远远超过了后冷战时代力求节约军费的美国政府底线。

性能特性与新时代的战略需求脱节,成本又极为昂贵,无怪乎"海狼"级会在20世纪90年代以后遭到历任美国政府嫌弃。

尽管如此,美国海军与潜艇产业仍从"海狼"级潜艇计划中得到了可贵的经验与教训,面对后冷战时代环境,美国海军与潜艇产业都借"海狼"级潜艇计划调整了潜艇建军构想以及产业的基础。

下图:"海狼"级服役至今已经过24年时间,但航速、静音性、武器搭载等平台性能,依旧是攻击潜艇的顶峰,但面对强调近岸浅海作战的后冷战时代环境,"海狼"级也有着难以施展的尴尬。

"海狼"级不寻常的命名与舷号

无论是命名还是舷号，"海狼"级在美国海军攻击潜艇史上都是个异类。

在海军作战部长沃特金斯等潜艇出身军官的强烈要求下，"21世纪核攻击潜艇"计划最初决定恢复美国海军攻击潜艇采用海洋生物命名的传统。1986年，美国海军考虑到既有的"海狼"号潜艇（SSN 575）即将退役拆解（实际于1987年3月退役），而"21世纪核攻击潜艇"首艇则将开工建造，海军部长莱曼同意让"21世纪核攻击潜艇"首舰继承"海狼"号的命名。让该舰成为美国海军第4艘命名为"海狼"号的潜艇。

但是到了采购与建造"海狼"级2、3号艇时，时间已是后冷战时代，面临庞大经费压力的美国海军，放弃了对传统命名的坚持，让"海狼"级2、3号采用政治化的命名，以示好政界。

在电船公司所在的康涅狄格州国会议员运作下，"海狼"级2号艇被命名为"康涅狄格"号，以彰显这个当时美国仅有的两个潜艇生产基地之一。

州名是美国海军舰艇最高规格、最尊贵的命名，最初只被用在战列舰的命名。第二次世界大战结束后，战列舰退出历史舞台，州名用于当时新兴的核动力导弹巡洋舰上（共6艘），后来又用于"三叉戟"弹道导弹潜艇（共17艘）。"海狼"级2号艇是美国海军第5艘命名为"康涅狄格"的军舰，上一艘是1906年服役的"康涅狄格"战列舰首舰（BB 18）。

"海狼"级3号艇则是以美国海军学院与潜艇军官出身的前总统吉米·卡特命名。这也是美国海军第一次以前总统的姓名来命名潜艇，在此之前，总统姓名只被用在航空母舰与北极星弹道导弹潜艇上。

所以"海狼"级3艘潜艇的命名来源完全不同。

相较于命名,"海狼"级的舷号更不寻常。

SSN 21原本只是计划的名称,用以强调这是一种"21世纪的核攻击潜艇"。至于在舷号方面,原本应该是依循既有的攻击潜艇舷号的数字序列编号,上一级"洛杉矶"级最后1艘的舷号是SSN 773,所以"海狼"级首艇的舷号应该编列为SSN 774。

但最后"海狼"级首艇却直接以"21世纪核攻击潜艇"的计划代号SSN 21作为舷号,而"海狼"级的2、3号艇也将舷号编列为SSN 22与SSN 23,以致舷号数字与1912—1913年完工的3艘潜艇重复,即SS 21"梭子鱼"号(Barracuda)、SS 22"小梭鱼"号(Pickerel)与SS 23"鳐鱼"号(Skate)。

依照美国海军的舰艇命名与编号规则,命名允许重复,许多舰艇命名都是多次被使用在不同舰艇上,只要不是同时即可。但舷号数字必须依序流水编号,且不能重复,以避免混淆,所以"海狼"级的舷号编号违反了美国海军的编号规则。

对页图:3艘"海狼"级的艇徽,显示了艇名与舷号。3艘"海狼"级的命名分别来自海中生物、州名与前总统姓名,并未依循相同规则。舷号则是直接使用计划的代号——SSN 21,亦未遵循美国海军正规的舷号编号规则。

附录

独一无二的"吉米·卡特"号核攻击潜艇

"海狼"级核攻击潜艇的3号艇"吉米·卡特"号是美国海军攻击潜艇中最特别的一艘,拥有独一无二的深海探索与海底物品打捞回收能力。

美国海军一开始并不打算将"吉米·卡特"号建造成深潜特殊任务平台,甚至还曾放弃采购这艘潜艇。从最初的规划、先期采购拨款、签订建造合约、修改设计到正式服役,一共耗费了15年时间,"吉米·卡特"号经历了许多曲折。

从初期规划到脱离取消危机

依照美国海军最初的规划,"海狼"级3号艇原本是编列在1991财年的预算中。经过1990年"主要战舰审查"后,美国国防部于1990年8月调整了"海狼"级采购计划,3号艇改列到1992财年。美国国会则在1991财年预算中为"海狼"级拨款,用于3号艇核反应堆和推进系统等进行先期采购。

随着苏联解体,"海狼"级潜艇遭到裁减。1992年1月29日,国防部长切尼宣布将终止"海狼"级潜艇计划,只保留已签约建造的首艇"海狼"

"海狼"级攻击核潜艇

下图与对页图：在1992年的总统大选中，采购"海狼"级3号艇与否，两党候选人采取了与党派传统截然相反的立场。共和党方面的现任总统布什，依循国防部长切尼的政策，不打算增购新的"海狼"级；而民主党方面的候选人克林顿，则表示支持采购第3艘"海狼"级，以帮助电船公司维持营运。图为白宫记者会上的布什总统与切尼，对页为克林顿于1992年大选活动中，在新英格兰地区的新罕布夏州向支持者致意。

号，2号舰以后则全部取消。国会原已拨款用于2号艇与3号艇的预算将会遭到国防部撤销。

后来在国会与国防部之间的折中下，国会同意维持已于1991年5月签约的3号艇订单。3号艇虽然并未正式获准采购，但美国海军仍利用国会于1992财年拨出的潜艇工业基地支持基金为3号艇进行先期采购。

稍后在1992年底的美国总统大选中，"海狼"级潜艇计划成为候选人争论的焦点。

身为共和党方面的候选人，企图竞选连任的现任总统布什，依循当时国防部的政策，基本态度是不再采购新的"海狼"级潜艇，打算以新型低成本潜艇计划（也就是"百夫长"攻击潜艇）来替代"海狼"级。

这也意味着，在1989财年与1991财年采购的头两艘"海

狼"级之后,到1998财年开始采购新的"百夫长"攻击潜艇之前,美国海军将有整整6个财政年度未采购任何核潜艇。这样长的采购空窗期,对于美国的潜艇产业来说打击是致命的。许多财力不甚充裕的承包商很可能无法撑过这样长的采购空窗期。无论如何,都会伤害到美国的潜艇工业基础。

而在民主党方面,参与民主党党内初选的候选人克林顿(Bill Clinton),却出人意料地公开表态支持继续采购"海狼"级,他向电船公司所在的康涅狄格州选民们承诺,他若当选,将会继续建造"海狼"级的后续舰,以便帮助电船公司保持营运,进而维持美国的潜艇工业基础。

克林顿的策略,一反民主党以往缩减军备投资的作风,以致克林顿在党内的主要竞争者桑格斯(Paul Tsongas)惊讶地表示:"身为民主党人,克林顿却比想要终止'海狼'级潜艇计划

的共和党总统更积极支持这项采购计划。"最终克林顿在大选中成功获得电船公司所在的新英格兰地区支持。

然而当克林顿当选美国总统后,却违反竞选承诺,继续维持布什政府时代的政策,不愿采购第3艘"海狼"级,而打算等待新一代的"百夫长"攻击潜艇设计完成。

这也遭到核潜艇产业相关团体以及国会议员们的批评,特别是来自康涅狄格州与新英格兰地区的国会议员们。在相关利益团体与国会努力游说与施压下,克林顿政府同意采购"海狼"级3号艇SSN 23。

当时国会已经在1992财年预算案中拨付了"海狼"级3号艇先期采购经费,稍后海军在1994年1月正式将3号舰列入1996财年采购计划,让3号舰正式脱离了危机。

不过,"海狼"级3号艇并未就此摆脱麻烦。一方面,不满于海军将全部3艘"海狼"级建造合约都交给电船公司,美国纽波特纽斯船厂向海军提出了替代方案建议;另一方面,美国

下图:美国海军最初预定在1991财年便采购"海狼"级3号艇,但受到冷战结束的影响,一直拖到1996财年才得以采购。而当3号艇于1998年底开工后,又因调整任务需求与设计,最后拖到2005年初才完工服役。照片为2004年6月2日电船公司将"海狼"级3号艇搬移到露天船台的情形。

海军对于"海狼"级3号艇的设计方向也出现了变化,形成了将其改装为特殊任务平台的构想。

转向特殊任务

采购"海狼"级3号艇的主要目的是作为SSN 22与后继的"百夫长"攻击潜艇之间的衔接,用于维持电船公司的营运与生产能力。至于在"海狼"级3号艇的设计上,美国海军最初并没有特别的想法,准备直接沿用与前2艘相同的设计。

但是当"海狼"级3号艇在1994年1月正式被排入造舰计划时,面对的环境与前2艘"海狼"级完全不同。首艇"海狼"号与2号舰都是在冷战时代签约采购,采购3号舰时已经处于后冷战时代,美国海军的作战环境有了很大变化,于是产生了修改第3艘"海狼"级设计的提议。

从1994年初起,美国海军内部开始讨论修改"海狼"级3号艇的设计,希望强化特种作战支援能力,将其用于特种部队运输任务,例如通过鱼雷舱运载海豹部队(早期还有可运输200名海豹部队士兵的说法,但不准确);扩大潜水员出入舱室空间,以便利特种部队作业。

纽波特纽斯船厂的挑战

当美国海军内部仍在讨论"海狼"级3号艇的设计调整方向时,纽波特纽斯船厂于1995年提议,该船厂可以直接承造新一代的"百夫长"攻击潜艇,而无须像电船公司通过额外采购3号艇来作为2号艇与"百夫长"之间的过渡。

纽波特纽斯船厂总裁弗里克斯(Bill Fricks)表示,纽波特纽斯船厂拥有较电船公司更广泛的业务(包括海军的航空母舰建造与核燃料更换计划、核动力航空母舰的退役解体,以及商船的建造与大修等),甚至还能为其他国家的海军建造巡防舰,不像电船公司完全依靠核潜艇业务来维持,因而纽波特纽斯船厂也无须过渡,可直接承接下一代攻击潜艇的建造。

"海狼"级攻击核潜艇

当时纽波特纽斯船厂承造的最后1艘"洛杉矶"级刚刚下水（1994年4月16日），预定两年后交船。如果此时得不到新的潜艇订单，那么就得暂时退出潜艇建造市场。

在1995年4月的国会听证会中，弗里克斯向国会议员们表示，如果让纽波特纽斯船厂接手核潜艇计划，那么美国海军将无须采购额外的"海狼"级3号艇，日后在采购新一代潜艇时（此时已从"百夫长"改称为"新型核攻击潜艇"，也就是日后的"弗吉尼亚"级），头5艘就能省下20亿美元，而对于这项45艘潜艇的计划，在整个服役生命周期内，能省下70~100亿美元。

然而纽波特纽斯船厂的提案虽然颇为吸引人，但扶持电船公司是美国海军既定的政策。电船公司只能依靠潜艇订单维持营运，为了节省几十亿美元经费，导致失去电船公司这家美国最重要的老牌潜艇船厂，显然是得不偿失。美国海军还是维持

下图：不满于海军将全部3艘"海狼"级的订单都交给电船公司，纽波特纽斯船厂曾于1995年提议，海军可无须采购"海狼"级3号艇，而直接由该船厂来承造新一代的"新型核攻击潜艇"，但未获海军接受。照片为电船公司船台上的"海狼"级3号艇。

附录 独一无二的"吉米·卡特"号核攻击潜艇　219

上图：1998年4月28日的"海狼"级3号艇命名仪式中，接受"海狼"级3号艇模型的前总统卡特，照片右方是海军部长道顿（John H. Dalton）。这时候的"海狼"级3号艇，还只是1艘强化特种部队运输与支援能力的"海狼"级潜艇。

了采购3艘"海狼"级，且全部交由电船公司承造的政策。

"吉米·卡特"号的诞生

美国海军于1996年6月29日与电船公司签订"海狼"级3号艇建造合约。依照先前海军内部讨论的构想，"海狼"级3号艇将强化支援特种部队作战的能力。与前两艘"海狼"级相比，设计修改方向类似先前增设特种部队作战能力的部分"鲟鱼"级与"洛杉矶"级潜艇，3号舰修改了通信与指挥设备以配合特种部队作战的指挥与联系，增加了携载特种部队运输载具的能力，以便支援特种部队渗透任务。

接着美国海军于1998年4月28日举行的命名纪念仪式中，将"海狼"级3号艇命名为"吉米·卡特"号。这也是美国海军第一次以前总统的姓名来命名潜艇，在此之前，总统姓名只被用在航空母舰与"北极星"弹道导弹潜艇的命名。

稍后在1998年12月5日，电船公司正式开工建造"吉米·卡特"号，预定于2001年底到2002年初服役，设定的建造工期只有3年多，远小于分别耗费了8年与6年工期的"海狼"级1、2号艇，显然此时的电船公司已能充分掌握"海狼"级的建造工艺，管理体制也已经走上轨道。

新角色：深海侦查平台的接班人

"吉米·卡特"号开工不久，另一项特殊任务深海情报收集与打捞也有了需求。

自20世纪60年代起，美国海军在特别计划办公室（Special Project Office）首席科学家克雷文（John P. Craven）领导下，逐步发展完善了深海探索与打捞能力，可通过潜艇部署的深潜载具从海床上搜寻与打捞回收物品。著名成果便是1966年于西班牙沿岸的地中海找到美国空军B-52轰炸机遗落的氢弹，以及1969年在葡萄牙与西班牙西部的大西洋外海，找到美国海军失事的"蝎子"号潜艇（USS Scorpion SSN 589）残骸。一些非公开的机密任务还包括打捞沉没于海中的苏联敏感性物品。

自1965年以来，美国海军始终保有1艘经过改装，专门用于这项特殊任务的核攻击潜艇，从最早的"大比目鱼"号（USS Halibut SSGN-587），到上一代的"海狼"号（SSN 575），以及"鲟鱼"级中的"礁蝴蝶鱼"号（USS Parche SSN 683），都曾先后接受了改装，可以携带特殊用途深潜载具，用于深海情报收集任务。这几艘改装的核攻击潜艇，配备上专门建造的核动力研究载具（NR-1核动力深海探查潜艇），共同构成冷战时代美国海军机密的水下侦察力量。

这些潜艇曾经回收的海底物品，据说包括苏联弹道导弹的弹头载具、模拟弹头，以及沉没于太平洋的苏联"高尔夫"级（Golf Class）弹道导弹潜艇K-129号残骸等，是美国获取敏感性情报的一个重要手段。

对页图：在美国海军初步构想中，"海狼"级3号艇将强化支援特种作战能力，可以干甲版换乘舱，或是先进海豹部队运输系统等特种部队运输载具。艇内舱室也增设容纳特种部队人员的空间。照片为"洛杉矶"级潜艇"达拉斯"号（USS Dallas SSN 700）搭载的干甲版换乘舱载具特写。

冷战结束后，由于美国海军经费的急遽减少，这项极机密的深海侦查与物品回收计划原本被列入取消清单，当最后1艘用于这项任务的"礁蝴蝶鱼"号潜艇于2000年初期退役后，美国海军便不再具备这项能力。

当年领导发展这项计划的克雷文，虽然已经离开美国海军多年，但仍十分关心深海侦查与物品回收计划的未来发展，不甘心这项独有的技术在秘密中消亡，于是将这项计划的存在透露给《纽约时报》，指出这是一项美国独有的能力，但现在却面临失去这项能力的危机。

虽然不清楚克雷文揭发讯息的举措多大程度上影响了后来事情的发展，但这项计划最终保住了。美国海军决定让建造中的"海狼"级3号艇，增设携带用于深海特殊任务的远端遥控载具（Remote Operating Vehicles，ROV），作为"礁蝴蝶鱼"号潜艇的接班人，以延续美国海军的深海情报收集与打捞能力。

而增加深海特殊作业能力的需求，也与同时期美国海军提出强化潜艇远端遥控载具操作能力的需求不谋而合。1995—1998年间，电船公司、国防科学委员会（Defense Science Board，DSB）、国防工业协会（National Defense Industrial Association，NDIA）以及国防先进研究计划署（Defense Advanced Research Projects Agency，DARPA）等单位，针对未来潜艇作战的一系列研究，强调在未来的潜艇设计中，对水下远端遥控载具操作界面的要求，于是美国海军决定让"吉米·卡特"号作为实验平台，用于验证新的水下远端遥控载具操作界面与发射、回收技术。

于是，深海搜索与回收能力以及验证新的水下远端遥控载具操作技术，这两项需求便合二为一，被引进到"吉米·卡特"号上。

美国海军于1999年12月10日授予电船公司一份总值8.87亿美元的修订合约，为建造中的"吉米·卡特"号修改设计，

对页图：克雷文博士在美国海军任职的20多年间，为美国海军建立与完善了深海探索与回收技术。然而这项能力，却可能因为冷战结束带来的经费裁减而消失，促使克雷文公开呼吁海军重视与保留这项珍贵的技术，最后促成"吉米·卡特"号被改为深潜特殊任务潜艇。

以便改装成为深潜远端遥控载具操作平台。美国海军原本估计这项改装工程需要耗费额外15个月时间,实际上多花了40个月时间才完成,这也让"吉米·卡特"号的服役时间从最初设定的2001年底延后到2005年初,最终耗用的建造工期达到6年3个月,与"海狼"级2号艇"康涅狄格"号相同。

当上一代的深潜特殊任务平台"礁蝴蝶鱼"号于2004年10月退役后,"吉米·卡特"号于2005年2月服役,使美国海军在后冷战时代仍能继续保有深潜特殊侦查能力。当NR-1深海探查潜艇于2008年11月退役后,"吉米·卡特"号成为美国海军唯一拥有深海探索与回收能力的潜艇。

"吉米·卡特"号的特殊设计

为了容纳深潜远端遥控载具与其控制设备,"吉米·卡特"号在艇舯插入一段100尺长的额外艇段结构,称作"多任务平台"。

美国海军迄今只公布了"多任务平台"艇段的构造与配置资讯,从既有的照片与资讯,推测"多任务平台"艇段应该采

对页图与上图:自1965年以来,美国海军始终保有1艘经过改装,专门用于深海特殊侦查与回收任务的核潜艇,照片由上到下依序为前3代深海特殊任务潜艇,第1代的"大比目鱼"号,第2代的"海狼"号(SSN 575),以及第3代的"礁蝴蝶鱼"号。

上图:第3代深潜特殊任务潜艇"礁蝴蝶鱼"号于2004年10月退役后,"吉米·卡特"号则于稍后的2005年2月服役,成为美国海军的第4代深海特殊任务潜艇。照片为"吉米·卡特"号的服役仪式。

下图与对页图:为了在不影响基本设计的情形下,增设深海特殊任务与特种作战支援能力,"吉米·卡特"号在核反应堆舱前方的艇舯部位,额外插入了一段100尺长的"多任务平台"艇段,照片由下到对页下为"多任务平台"艇段的制造、搬运,以及与"吉米·卡特"号其余艇段结合的情形。

用了单、双壳混合构造，前1/3应为全舷宽的单壳耐压构造，后2/3则为双壳构造，其中内壳为蜂腰状的耐压舱段，最窄处直径约10尺，外壳则为全舷宽，与其余艇壳融合为一体，内、外壳之间是注水的非耐压空间。

"多任务平台"艇段的耐压区设有可容纳50名海豹部队的

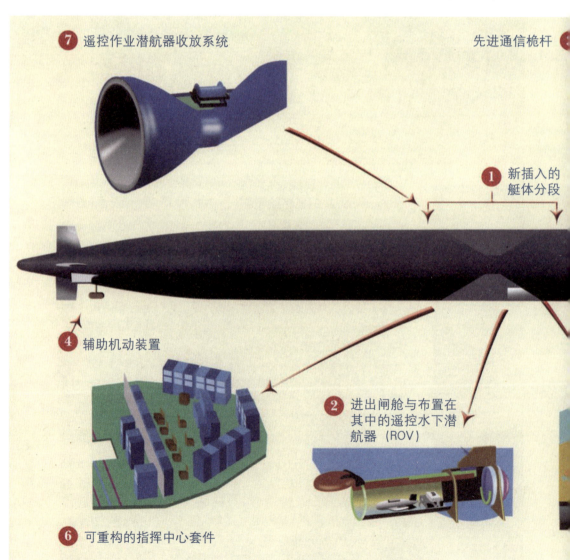

❼ 遥控作业潜航器收放系统

先进通信桅杆

❶ 新插入的艇体分段

❹ 辅助机动装置

❷ 进出闸舱与布置在其中的遥控水下潜航器（ROV）

❻ 可重构的指挥中心套件

附录 独一无二的"吉米·卡特"号核攻击潜艇   229

居住舱，以及穿过"多任务平台"艇段的前、后舱壁，连通潜艇其余艇段的耐压通道，提供了缆线与管路连通的管道，以及大约4尺宽、可供2名乘员并排通过的人员通道。

"多任务平台"艇段耐压区前端设有货舱区域，可用于储放远端遥控载具、特战装备等任务设备，并设有1个连通非耐压区域的海洋界面，可供远端遥控载具或潜水员进出货舱与非耐压区域。当远端遥控载具与潜水员从海洋界面进入非耐压区域后，便可从非耐压区域的外舱门离开潜艇。"多任务平台"艇段的耐压区后端则设有任务指挥中心，用于支援特种作战与远端遥控载具操作。货舱与指挥中心区域都采用"可重构"的弹性设计，可依任务需求而调整区域配置。

"多任务平台"艇段的内、外壳之间的非耐压空间则提供了水下远端遥控载具相关任务系统的储放与部署空间，操作远端遥控载具的装载、储存、系留、发射与回收等相关次系统机构都设置于此。

除了"多任务平台"艇段之外，"吉米·卡特"号为了更好地支援特殊任务，另在围壳内整合了浮标式的先进通信桅杆，并在艇艉增设可转向的电动驱动辅助推进器，配合"海狼"级原有的艇艉电动辅助推进器一同运

④ 辅助机动装置

⑤ 可重构式货舱区域

左图：美国海军公布的"吉米·卡特"号"多任务平台"艇段图解，其内设置了货舱区域、指挥中心、供远端遥控载具出入的海洋界面，以及操作远端遥控载具的机构。

"海狼"级攻击核潜艇

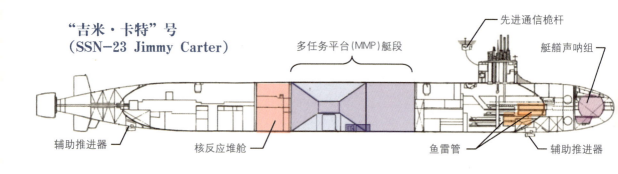

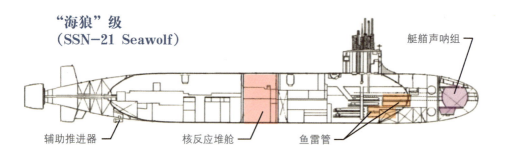

上图:"吉米·卡特"号与标准"海狼"级的结构对比。

除了插入"多任务平台"艇段外,"吉米·卡特"号在艇艉底部增设了辅助推进器,并在围壳内整合了浮标式的先进通信天线。其余设计则与"海狼"级相同,拥有全套的感测器与武器系统配备。

作,用于在执行某些特殊任务时,更精确地操纵潜艇位置[1]。

通过插入"多任务平台"艇段的方式,"吉米·卡特"号获得特种作战与远端遥控载具操作能力,可将对于作战能力的减损降到最低。"吉米·卡特"号仍拥有与前两艘"海狼"级一样的全套声呐与武器系统配备。增设"多任务平台"艇段后,除了艇身延长外,"吉米·卡特"号仍能维持艇体外部的光滑,尽可能抑制阻力增加的幅度。

由于美国海军是在"吉米·卡特"号开工1年后才与电船

---

[1] 自"长尾鲨"级以来,美国海军攻击潜艇都在艇艏设置了1组伸缩式的电动辅助推进器,这组推进器可360°水平旋转,平时收纳在压载水舱内,要使用时再将辅助推进器向下伸出到艇艏底部。潜艇可关闭主推进器,利用这组辅助推进器以4节的低速航行。当潜艇垂直尾舵出现故障时,这组辅助推进器可当作侧推进器使用。而"吉米·卡特"号除了"海狼"级原有的艇艏辅助推进器以外,另在艇艉压载水舱也增设了辅助推进器,可以进行更精密的操纵。

附录 独一无二的"吉米·卡特"号核攻击潜艇

公司签订将该舰改装为特殊任务平台的合约,所以插入"多任务平台"艇段的方式避免了重新设计与修改"吉米·卡特"号既有艇身结构的麻烦。

不过"多任务平台"艇段也给"吉米·卡特"号带来副作用。100尺的艇身长度,恶化了艇身的长宽比,还增加了3000吨的潜航排水量,让"吉米·卡特"号成为美国海军史上长度最长、排水量最大的核攻击潜艇,重量与阻力都有一定程度的增加,但动力与推进系统仍沿用"海狼"级的标准设计,由此导致最大航速较前两艘"海狼"级减损1~4节,且水下机动性降低的代价。

除了通过"多任务平台"艇段来执行特殊任务外,"吉米·卡特"号也保有携载干甲版换乘舱与先进海豹部队运输系统等特种部队运输载具的能力。

成本效益的争议

美国海军将"吉米·卡特"号改装为特殊任务平台的做

下图:插入"多任务平台"艇段后,让"吉米·卡特"号借此获得了深潜特殊任务与特种作战能力,但仍保有原本"海狼"级的感测器与武器系统,拥有第一线攻击潜艇的作战能力。

法，遭致了部分人士的批评，认为缺乏成本效益。

在后冷战时代，美国海军的核攻击潜艇数量大为减少，而在数量有限的攻击潜艇中，"海狼"级是作战能力最高的一级，数量又仅有3艘，因而是极为宝贵的资源。将"吉米·卡特"号改装为深潜特殊任务平台，等同于把这份珍贵资源转用于本质上属于非第一线作战性质的角色。

尽管"吉米·卡特"号保有完整的"海狼"级感测器与武器系统配置，理论上也能用于一般的攻击潜艇作战部署，但前一代深潜特殊任务平台"礁蝴蝶鱼"号的操作经验显示，"吉米·卡特"号恐怕只会被用于机密性的特殊侦查与回收任务，而不会被用于一般的作战部署，形同于浪费了"海狼"级优秀的作战能力，也让美国海军攻击潜艇兵力捉襟见肘。

另一方面，让"吉米·卡特"号继承深海特殊任务平台角色缺乏成本效益。先前用于这项角色的"大比目鱼"号、"海狼"号（SSN 575）与"礁蝴蝶鱼"号等潜艇，在被改装成深潜特殊任务平台时，都已经服役10多年，进入了服役寿命后期，其中"大比目鱼"号与"海狼"号（SSN 575）当时已退出第一线任务，因而美国海军将这3艘潜艇改装为特殊任务平台，算是对于过剩资产的再用，发挥这3艘潜艇的剩余价值，不会影响到第一线的潜艇兵力运用[1]。

但"吉米·卡特"号的情况完全不同，该舰是在建造阶段才临时决定修改为特殊任务平台，而该舰是当时世界上最先进、也最昂贵的攻击潜艇，将其改装为非作战用途的情报收集平台，显得代价过于高昂，未能充分发挥"海狼"级原本的作战价值。

---

[1] "大比目鱼"号是在服役10年后的1965年，才被改装为特殊任务平台，最初以巡航导弹潜艇身分服役的该舰，此时技术已经落伍，早已不是第一线主力；"海狼"号（SSN 575）则是在服役14年后的1971年，被改装为特殊任务平台，此时属于第一代核攻击潜艇的该舰，也早已不是美国海军的主力；类似的，"礁蝴蝶鱼"号也是在服役13年后的1987年，被改装为特殊任务潜艇，此时该舰的服役寿命已经过半，新一代的"洛杉矶"级核攻击潜艇也开始大量服役，将该舰改装为特殊任务平台，不会影响到第一线的兵力运用。